LEITURAS  FILOSÓFICAS

DARIO ANTISERI

EPISTEMOLOGIA E HERMENÊUTICA
O método da ciência após Popper e Gadamer

Tradução
Mauricio Pagotto Marsola

Edições Loyola

Título original:
Epistemologia ed ermeneutica. Il metodo della scienza dopo Popper e Gadamer (Dario Antiseri)
© 2022 Editrice Morcelliana
Via G. Rosa 71, 25121 Brescia, Italia
ISBN 978-88-372-3105-7

Dados Internacionais de Catalogação na Publicação (CIP)
(Câmara Brasileira do Livro, SP, Brasil)

Antiseri, Dario
Epistemologia e hermenêutica : o método da ciência após Popper e Gadamer / Dario Antiseri ; tradução Mauricio Pagotto Marsola. -- 1. ed. -- São Paulo, SP : Edições Loyola, 2023. -- (Coleção leituras filosóficas)

Título original: Epistemologia ed ermeneutica : Il metodo della scienza dopo Popper e Gadamer.
ISBN 978-65-5504-323-5

1. Epistemologia 2. Gadamer, Hans-Georg, 1900-2002 3. Hermenêutica 4. Popper, Karl R., 1902-1994 I. Título. II. Série.

23-180080   CDD-121.68

Índices para catálogo sistemático:
1. Hermenêutica : Filosofia   121.68

Tábata Alves da Silva - Bibliotecária - CRB-8/9253

Preparação: Mônica Glasser
Capa: Ronaldo Hideo Inoue
(execução a partir do projeto gráfico
original de Inês Ruivo)
Diagramação: Telma Custódio

Edições Loyola Jesuítas
Rua 1822 n° 341 – Ipiranga
04216-000 São Paulo, SP
T 55 11 3385 8500/8501, 2063 4275
editorial@loyola.com.br
vendas@loyola.com.br
www.loyola.com.br

Todos os direitos reservados. Nenhuma parte desta obra pode ser reproduzida ou transmitida por qualquer forma e/ou quaisquer meios (eletrônico ou mecânico, incluindo fotocópia e gravação) ou arquivada em qualquer sistema ou banco de dados sem permissão escrita da Editora.

ISBN 978-65-5504-323-5

© EDIÇÕES LOYOLA, São Paulo, Brasil, 2023

SUMÁRIO

INTRODUÇÃO 9
    Diferentes "metódicas", único "método" 9

EPISTEMOLOGIA E HERMENÊUTICA

1. A ciência é falível 27
2. Quantos métodos existem na pesquisa científica? 30
3. Pensadores que defendem a unidade do
método científico 32
4. O método da investigação para A. Einstein 34
5. Médicos e biólogos entre conjecturas e refutações 37
6. O círculo hermenêutico 41
7. As tentativas e os erros dos críticos textuais 45
8. As conjecturas e refutações dos tradutores 46
9. H. G. Gadamer e K. R. Popper: "traduzir"
é "reproduzir" 49
10. Razões da não existência do método indutivo em
historiografia 51

11. Gaetano Salvemini: o historiador trabalha com o mesmo método que o físico 54
12. Marc Bloch e Lucien Febvre: o historiador procede por conjecturas e refutações 59

POSFÁCIO
Para a história da convergência entre a epistemologia de Popper e a hermenêutica de Gadamer

1. A "preleção programática" de Dario Antiseri em Pádua, em 1976 70
2. Abordagem hermenêutica do método das ciências naturais 74
   2.1. A unidade do método científico segundo os hermeneutas 74
   2.2. Ambrosio Velasco Gómez e a guinada hermenêutica da epistemologia de Popper 77
   2.3. Jean Grondin e a resolução hermenêutica do racionalismo crítico 82
   2.4. Gianni Vattimo: entre hermenêutica e ciência 89
   2.5. Marco Vozza e os dispositivos heurísticos da ciência 95
3. Sobre a integração epistemológica da hermenêutica ... 97
   3.1. Hans Albert: as afinidades com Gadamer e sua correspondência epistolar 97
   3.2. Umberto Eco e a epistemologia dos "filólogos" ... 107
   3.3. Joseph Agassi e "a hermenêutica das certezas" de Gadamer 112
   3.4. O realismo epistêmico de Paolo Parrini 114

3.5. Orlando Todisco e a tradição crítica como
critério hermenêutico.. 115
3.6. Gaspare Mura e a hermenêutica veritativa............ 117
Conclusão... 122
Bibliografia.. 124

ÍNDICE ONOMÁSTICO... 133

INTRODUÇÃO

Diferentes "metódicas", único "método"

1. "Minha concepção do método da ciência é simplesmente esta: ele sistematiza o método pré-científico do aprender com nossos erros; sistematiza-o graças ao instrumento que se chama discussão crítica. Toda minha concepção do método científico pode se resumir dizendo que ele consiste nestes três passos:

   1) deparamo-nos com algum problema;
   2) tentamos resolvê-lo, por exemplo, propondo alguma nova teoria;
   3) aprendemos com nossos erros, especialmente com aqueles que nos foram apresentados pela discussão crítica de nossas tentativas de solução.

   Ou, para dizer em três palavras: problemas-teorias-críticas.
   Creio que nestas palavras, problemas-teorias-críticas, pode-se resumir todo o modo de proceder da ciência racional"[1]. Portanto,

---

1. POPPER, K. R., Problemi, scopi e responsabilità della scienza, *Scienza e filosofia* (trad. it.), Torino, Einaudi, 1969, 46.

para Karl Popper, todo o procedimento da ciência racional consiste em propor hipóteses como tentativas de solução dos problemas; hipóteses que devem ser submetidas a severas averiguações a fim de nelas descobrir eventuais erros a serem corrigidos mediante a proposta de outras hipóteses, que também serão averiguadas, e assim por diante. *Este método vale para toda a ciência racional*: de qualquer ângulo da pesquisa, onde quer que haja problemas a serem resolvidos (em física, em linguística, em biologia e em economia, em sociologia e em química, na interpretação e na tradução de um texto e em astrofísica...), não podemos fazer nada além de propor conjecturas e colocá-las à prova. Diz ainda Popper:

> Elaborar a diferença entre ciência e disciplinas humanísticas foi por muito tempo uma moda e se tornou cansativo. O método de resolução de problemas, o método das conjecturas e refutações são praticados por ambas. É praticado na reconstrução de um texto corrompido bem como na formulação de uma teoria da radioatividade[2].

E, por fim:

> O método das ciências sociais, assim como o das ciências naturais, consiste na experimentação de tentativas de solução para seus problemas (...)[3].

Portanto, somos racionais nas ciências porque somos críticos, e somos críticos pela razão e no sentido em que submetemos nossas teorias ou hipóteses à mais severa averiguação a fim de verificar se são falsas. Tentamos falsificar nossas conjecturas, mostrar que são falsas, para substituí-las, se pudermos, por teorias melho-

---

2. Id., La teoria del pensiero oggettivo, in: id., *Conoscenza oggettiva* (trad. it.), Roma, Armando, 1975, 242.
3. Id., La logica delle scienze sociali, in: AA.VV., *Dialettica e positivismo in sociologia* (trad. it.), Torino, Einaudi, 1972, 107.

res – tendo consciência de que, por motivos lógicos, não é possível demonstrar ser verdadeira, absolutamente verdadeira, nenhuma teoria, mesmo a mais consolidada[4]. Mas, para que uma teoria possa ser de fato averiguada, ela deve ser averiguável por princípio, isto é, falsificável, sendo que suas consequências possam adequar-se ou não aos "fatos": uma teoria, para poder ser verdadeira, deve poder ser também falsa. É assim que se garante a objetividade dos resultados da pesquisa, seguindo de modo escrupuloso e com o maior rigor as regras do método. Objetividade, portanto, que equivale à possibilidade de averiguação de uma teoria, e não à posse da certeza. O falibilismo escapa, de tal modo, tanto ao dogmatismo quanto ao subjetivismo cético e relativista. Pouco a pouco, no desenvolvimento da pesquisa científica, com efeito, nem toda teoria equivale a outra; e, pouco a pouco, aceitamos aquela teoria que melhor resistiu aos ataques da crítica. O falibilismo é a via áurea para evitar tanto o subjetivismo quanto o dogmatismo. E racional não é aquele que foge da averiguação com a presunção de ter razão; racional é antes aquele que quer aprender: aprender com os próprios erros e com os dos outros.

2. Que o procedimento por *trial and error*, vale dizer, o método das conjecturas e refutações, seja o método da física e das ciências naturais, como a biologia ou a química, e que as teorias científicas, mesmo as mais consolidadas, estejam sempre submetidas ao assédio da crítica, são convicções sobre as quais é vigente um acordo substancial. Mas entra em jogo, de modo inevitável, um antigo problema: será também o das disciplinas humanísticas e, mais amplamente, das ciências histórico-sociais? Em termos claros: a pesquisa, por exemplo, em filologia e, mais precisamente, em crítica textual, exegese bíblica, epigrafia e papirologia, ou nos diversos âmbitos da

---

4. Sobre a ideia de falseabilidade de uma teoria como critério de demarcação entre teorias científicas e teorias não científicas, veja-se POPPER, K. R., *Logica della scoperta scientifica* (trad. it.), Torino, Einaudi, 1970, 22-23.

pesquisa histórica (história das religiões, do poder político, da arte e das instituições sociais), em sociologia e mesmo em setores significativos da psicologia, de modo especial em psicanálise – em todos esses âmbitos, esse tipo de pesquisa avança utilizando o mesmo método das ciências naturais ou é necessário outro método, um procedimento diferente daquele do físico ou do biólogo, que esteja em condições de trazer luz aos "objetos" supostamente não capturáveis com as redes metodológicas do naturalista? Isto é, sobre objetos não estranhos ao homem – como o são as estrelas, os animais, as plantas, os átomos e as células –, mas construídos pelo próprio homem: ações humanas, "textos" jurídicos, romances e poesias, dramas e comédias, constituições políticas, instituições sociais, crenças religiosas, tratados de paz e declarações de guerra, inscrições em lápides e monumentos, assim por diante. Esse é um universo de "objetos" que, para poder ser entendido, deve ser interpretado. E o procedimento interpretativo seria, por isso, um método diferente – dada a diversidade da realidade que é objeto de pesquisa – daquele empregado pelo cientista natural. Mas as coisas são verdadeiramente assim? O hermeneuta, isto é, o exegeta bíblico ou o epigrafista, o crítico textual, o historiador diante de um conjunto de mapas ou "traços" da vida cotidiana, o arqueólogo, o filólogo românico, bem como os intérpretes que são os tradutores, é verdade que, visando à compreensão do "significado" de seus "objetos", empregam um método diferente e não redutível ao método do naturalista?

3. É esse o problema de fundo daquela *Methodenstreit*, isto é, daquela disputa sobre o método nas disciplinas humanísticas e, mais amplamente, das ciências histórico-sociais a que, no século XIX, viu se dedicaram, entre outros, pensadores de primeira ordem como W. Dilthey, W. Windelbrand, H. Rickert, G. Simmel, M. Weber, G. Schmoller e C. Menger, e depois, no século XX, B. Croce, R. G. Collingwood, G. Salvemini, B. K. Malinowski, E. von Böhm-Bawerk, L. von Mises, F. A. von Hayek, I. Berlin, H.-G. Gadamer, P. Ricoeur, C. G. Hempel, K. R. Popper, E. Nagel e P. Gardiner.

Embora com motivações diferentes – pode-se pensar, por exemplo, na objeção com base na qual as ciências naturais se ocupariam de fatos "típicos" enquanto as ciências do espírito teriam por objeto fatos ou eventos "únicos e não repetíveis" –, aqueles que sustentaram a impossibilidade de empregar o método por *trial and error* das ciências naturais, ou *Naturwissenschaften*, no âmbito das ciências do espírito, ou *Geisteswissenschaften*, insistiram no pressuposto de que, enquanto as ciências naturais pretenderiam explicar os fenômenos da natureza de modo causal (o *Erklären*), as ciências do espírito, ou as ciências humanas, de outro lado, teriam como escopo compreender o sentido ou significado (o *Verstehen*) de um texto, de uma lei, de um documento histórico, de uma ação humana. Em suma: objetos diferentes comportariam métodos diferentes. Surge uma dúvida imediata: o que fazemos quando compreendemos uma ação humana como, por exemplo, uma ação de quem dispara em outro homem e o mata? Descrevemos a ação, buscamos identificar as motivações ou causas e avaliar as eventuais consequências. E, portanto, o *Verstehen* é de fato diferente do *Erklären* de um médico que descreve os sintomas de uma doente, tenta identificar as causas e prover – com intervenções terapêuticas – a cura? De fato, portanto, o *Erklären* e o *Verstehen* configuram métodos diferentes? E o hermeneuta, com o problema de compreender o sentido, a "mensagem", isto é, o conteúdo informativo de um texto, não formula hipóteses, suas interpretações, que em seguida averiguará do modo mais severo possível acerca do texto e do contexto? E esse procedimento não é o mesmo daquele de um físico, de um bioquímico ou de um economista?

4. A história do *Methodenstreit* é muito conhecida, tendo sido muito abordada e muitas vezes recontada. De outro lado, aquelas que é mais oportuno considerar são ao menos cinco vias de pesquisa que no século XX levaram, por caminhos independentes, ao mesmo resultado: à dissolução da conclamada diferença entre o *Erklären* e o *Verstehen* e, em consequência, a uma mais que razoável

proposta de teoria unificada do método científico. Tais vias de pesquisa são constituídas:

a) pelo racionalismo crítico de K. R. Popper, com uma ideia de método científico livre dos erros de um empirismo ingênuo e do positivismo dogmático;
b) pela elaboração do "círculo hermenêutico" tal como proposto por H.-G. Gadamer, que produziu uma vasta literatura filosófica – examinada no presente volume por Giuseppe Franco – que se desenvolveu em torno da questão da identificação entre o "método por *trial and error*" e o "procedimento do círculo hermenêutico";
c) pela reflexão epistemológica de grandes filólogos como, entre outros, Paul Maas, Hermann Fränkel ou Giorgio Pasquali;
d) pelas regras do método que historiadores de relevo como Marc Bloch, Lucien Febvre, Fernand Braudel ou Gaetano Salvemini teorizaram a fim de traçar uma clara distinção entre historiografia científica e historiografia ideológica;
e) pelas discussões e tomadas de posição pró ou contra a proposta epistemológica de C. G. Hempel em 1942, sobre a função das leis gerais na pesquisa histórica – funções que Hempel (e outros epistemólogos como K. R. Popper e E. Nagel) vê (ou veem) serem as mesmas que nas ciências naturais.

5. Intérprete é o filólogo, intérprete é o historiador, intérprete é o tradutor. Em breve síntese, eis como Gadamer, em *Verdade e método*, descreve a "lógica" do procedimento hermenêutico. Há textos providos de sentido que, por sua vez, falam de coisas; o intérprete se aproxima dos textos não tendo a mente similar a uma *tabula rasa*, mas com sua pré-compreensão (*Vorverständnis*), isto é, com seus "preconceitos", suas pressuposições, suas expectativas; dado aquele texto e dada aquela pré-compreensão do intérprete, esboça-se um "significado" preliminar de tal texto, e tal esboço se produziu porque o texto é lido pelo intérprete com certas expectativas determi-

nadas, derivadas de sua pré-compreensão. E o trabalho posterior hermeneuta consiste todo na elaboração desse projeto inicial, "que é continuamente revisto com base naquilo que resulta da ulterior penetração no texto"[5]. Na verdade, afirma Gadamer,

> é preciso (...) considerar que qualquer revisão do projeto inicial comporta a possibilidade de esboçar um novo projeto de sentido; que projetos contrastantes possam se entrecruzar em uma elaboração que no final conduz a uma visão mais clara da unidade do significado; que a interpretação começa com preconceitos os quais são progressivamente substituídos por conceitos mais adequados. Esse contínuo renovar-se do projeto é o que constitui o momento do compreender e do interpretar, sendo o processo que Heidegger descreve. Aquele que busca compreender está exposto a erros diante de pressuposições que não encontram confirmação no objeto. É uma tarefa permanente da compreensão a elaboração e a articulação dos projetos corretos, adequados, que como projetos são antecipações que podem ser validados apenas em relação ao objeto. A única objetividade aqui é a confirmação que uma pressuposição pode receber por meio da elaboração. O que distingue as pressuposições inadequadas senão o fato de que, ao se desenvolverem, revelam-se insuficientes? Ora, o compreender somente chega à sua possibilidade autêntica se as pressuposições das quais parte não são arbitrárias. Há, portanto, um sentido positivo no dizer que o intérprete não acede ao texto simplesmente permanecendo no início das pressuposições já presentes nele, mas antes, na relação com o texto, põe à prova a legitimidade, isto é, a origem e a validade de tais pressuposições[6].

Portanto, o intérprete aborda o texto com seu *Vorverständnis*, com suas pressuposições, com seus preconceitos. E, com base nelas,

---

5. GADAMER, H.-G., *Verità e metodo*, trad. it. de Gianni Vattimo, Milano, Fratelli Fabbri, 1972, 314 [trad.: *Verdade e método*, Petrópolis, Vozes, 2004 (N. do T.)].
6. Ibid.

elabora um esboço preliminar de interpretação. Mas esse esboço pode ser mais ou menos adequado. E é a análise posterior do texto (do texto e do contexto) que dirá se esse primeiro esboço de interpretação é mais ou menos correto, se corresponde ou não àquilo que o texto diz. E, se essa primeira interpretação mostra-se em contraste com o texto, se fala contra ele, ou com alguma parte dele e/ou do contexto, então o intérprete elaborará um segundo projeto de sentido, isto é, uma nova interpretação, que será avaliada pelo texto (e pelo contexto) para ver se ela pode resultar mais ou menos adequada. E assim por diante. Assim ao infinito, já que a tarefa do hermeneuta é uma tarefa infinita, todavia, possível.

Os pontos centrais da teoria da *experiência hermenêutica* são interconectados com a ideia de *Zirkel des Verstehens*:

> Que a experiência seja válida até não ser contradita por uma nova experiência (*ubi non reperitur instantia contradictoria*) é um dado que caracteriza obviamente a natureza geral da experiência, quer se trate de sua organização científica em sentido moderno, quer se trate da experiência comum que o ser humano faz desde sempre[7].

Mais especificamente, para Gadamer a formação da universalidade da ciência

> desenvolve-se (...) mediante um processo no qual generalizações são continuamente contrariadas pela experiência, e algo que era considerado típico é, por assim dizer, destipificado. Isso se exprime já na linguagem, quando falamos de experiência em dois sentidos: de um lado, das experiências que se inserem ordenadamente em nossas expectativas, de outro, da experiência que alguém "faz". Esta última, que é a experiência autêntica, é sempre uma experiência negativa. Quando dizemos ter feito uma experiência, pretendemos dizer que

---

7. Ibid., 405.

até então não havíamos visto as coisas corretamente e que agora sabemos melhor como são. A negatividade da experiência tem, portanto, um sentido particularmente produtivo[8].

6. Chegando até aqui, apresenta-se uma questão inevitável: o método popperiano por *trial and error* e o "círculo hermenêutico" de Gadamer descrevem dois procedimentos diferentes ou se trata de um mesmo procedimento descrito em dois "jargões" diferentes? A realidade é que não há *nenhuma diferença* entre o "método das conjecturas e refutações" e o "círculo hermenêutico". *Uma declaração de Popper*: "Aquilo que me separa de Gadamer é uma melhor compreensão do 'método' das ciências naturais, e a posição crítica. Mas a minha teoria é tão antipositivista quanto a sua, e demonstrei que a interpretação dos textos (hermenêutica) opera com os métodos típicos das ciências naturais"[9].

Uma declaração de Gadamer:

Um elemento de união com Popper (...) parece-me que esteja no fato de que Popper valida a pesquisa como um processo de encontro da verdade. E este, seja-me permitido dizê-lo, é um processo hermenêutico: o processo da investigação em si mesmo mostra-se como o único possível para o encontro da verdade[10].

Gadamer escreveu isso em *Verdade e método*, em 1960. Mais tarde, em 1985, afirmaria:

Que nas ciências da natureza seja inerente uma problemática hermenêutica tornou-se claro para mim, já em 1934, com a crítica

---

8. Ibid., 408.
9. POPPER, K. R., Autointerpretazione filosofica e polemica contro i dialettici, in: GROSSNER, Claus (org.), *Filosofi tedeschi contemporanei* (trad. it.), Roma, Città Nuova, 1977, 353.
10. GADAMER, *Verità e metodo*, 315.

de Moritz Schlick, vitoriosa em relação ao dogma dos enunciados particulares[11].

Antes, contudo, em 1972, dizia: "Quanto à questão, podemos estar de acordo acerca do fato de que haja uma única 'lógica da pesquisa científica'"[12].

Há, portanto, um só *método* na pesquisa científica, mas são diversas as *metódicas*, isto é, as técnicas de comprovação. Pesquisa científica não significa, e não pode significar, algo além de tentativas de solução de problemas. E para tal finalidade são necessárias mentes criadoras de hipóteses – hipóteses que são submetidas às mais severas e rigorosas verificações sobre suas consequências. E, se fragmentos de "realidade interpretada" negam as suposições postas pela hipótese, essa hipótese é descartada, substituída por outra hipótese supostamente melhor e que também, por sua vez, será submetida à verificação. Detemo-nos no ponto em que a hipótese consegue resistir às mais severas verificações então possíveis. Mas isso com a consciência de que mesmo a mais consolidada teoria está aberta ao questionamento e de que o erro cometido, identificado e eliminado é "o débil sinal vermelho que nos permite sair da caverna de nossa ignorância". Popper: "A investigação não tem fim". Gadamer: "O trabalho hermenêutico é possível e infinito".

7. Foi entre o final dos anos 1960 e o início dos anos 1970 que se tornou claro para mim que qualquer investigação científica – tanto no campo das ciências naturais quanto no âmbito humanístico – procede com as mesmas "regras metodológicas": único é o método; diferentes – conforme as disciplinas ou, melhor ainda, dos problemas tratados – as técnicas de comprovação, isto é, as "metódicas". Tratei desse assunto em artigos de revistas, mas, sobretudo,

---

11. Id., Autocritica (1985), in: id., *Verità e metodo 2* (trad. it.), Milano, Bompiani, 1995, 496.

12. Id., Poscritto alla terza edizione de *Verità e metodo*, in: ibid., 6.

tive a sorte de discuti-lo ao longo dos "Seminários de epistemologia" que, naqueles anos, eram realizados mensalmente no Instituto de História da Medicina da Universidade "La Sapienza" de Roma.

Ao transferir-me da Universidade de Siena para a de Pádua, na primavera de 1976, proferi uma conferência pública no Palazzo Liviano, no quadro da Faculdade de Letras e Filosofia da Universidade de Pádua, sobre o tema *Epistemologia e hermenêutica: um só método*. Adverti de início ter abordado um tema "estranho" a muitos e recebi indiferença por parte de muitos e hostilidade por parte de não poucos outros. A tese, entretanto, interessou a alguns colegas das Faculdades do Instituto de Semiótica médica: M. Austoni, C. Scandellari e G. Federspil, com os quais mantive, junto com M. Baldini, por anos fecunda colaboração no estudo de questões de metodologia da clínica.

Convencido da validade da tese, dediquei-me a articulá-la com riqueza de exemplificações em cada temática de fundo e, em setembro de 1980, concluí o volume *Teoria unificada do método*, publicado em primeira edição pela Editora Liviana de Pádua e posteriormente pela UTET Libreria de Turim. Os temas desenvolvidos nos respectivos capítulos são:

1) Epistemologia das ciências naturais;
2) Epistemologia e teoria do diagnóstico clínico;
3) Epistemologia e hermenêutica;
4) Epistemologia e crítica textual. Com o Adendo: Considerações sobre epistemologia e teoria da tradução;
5) Epistemologia, lógica das ciências sociais e teoria da historiografia.

Nos anos – digamos, décadas – seguintes, voltei, em diversas ocasiões e nos mais diferentes lugares na Itália e fora da Itália, a discutir acerca de tais problemáticas com estudiosos versados em diferentes âmbitos de pesquisa. Tive a sorte de dialogar com o próprio

Gadamer e de abordar com Joseph Agassi e, em desacordo, com William Bartley e sobretudo com Hans Albert. Nesse ínterim, nos traços "metodológicos" de acordo e de desacordo entre a epistemologia de Popper e a hermenêutica de Gadamer, florescia uma vasta literatura da qual, em 2012, Giuseppe Franco analisou em seu bem documentado trabalho *L'inaspettata convergenza tra l'epistemologia di Popper e l'ermeneutica di Gadamer* ["A inesperada convergência entre a epistemologia de Popper e a hermenêutica de Gadamer"] (Edizioni Rubbettino).

8. Não foram raros os casos em que, mesmo em um passado não muito remoto, atribuía-se valor cognitivo unicamente às "ciências exatas", relegando-se as disciplinas humanísticas ao reino ornamental das belas almas. Hoje, tal posição fortemente positivista não mais prevalece: as disciplinas humanísticas são ciências tanto quanto a ciência física ou como o são a biologia ou a química. Contudo, em tempos como os nossos – com a tecnociência necessária para os desenvolvimentos da economia e com a economia interessada enormemente em financiar a inovação tecnológica –, as disciplinas humanísticas e as ciências histórico-sociais são, sim, consideradas saber científico, mas simultaneamente recusadas como saber supérfluo, inútil.

Diante de tal funesta e irresponsável tendência, carregada de consequências desastrosas para todo o sistema formativo, é muito oportuno refletir sobre algumas considerações recentemente elaboradas por Martha Nussbaum em seu escrito: *não para o lucro. Por que as democracias "têm necessidade" da cultura humanista*. "A pulsão para o lucro – afirma Nussbaum – induz muitos líderes a pensar que a ciência e a tecnologia são de crucial importância para o futuro de seus países."[13] E logo após acrescenta: "Não há nada a objetar a uma boa instrução técnico-científica, e certamente não serei eu a sugerir às nações parar a pesquisa nesse campo"[14].

---

13. Nussbaum, M., *Non per profitto. Porché le democrazie "hanno bisogno" della cultura umanistica*, Bologna, Il Mulino, 2001, 26.

14. Ibid.

Entretanto, o que preocupa Nussbaum é outra coisa:

[que] outras capacidades, igualmente importantes, estejam correndo o risco de desaparecer no vórtice da correnteza: capacidades essenciais para a saúde de qualquer democracia em seu interior e para a criação de uma cultura mundial que esteja em condições de abordar com competência os problemas mais urgentes do planeta. Tais capacidades são associadas aos estudos humanísticos e artísticos: a capacidade de pensar criticamente, a capacidade de transcender os localismos e abordar os problemas mundiais como "cidadãos do mundo"; e, enfim, a capacidade de representar de forma empática a categoria do outro[15].

Em outros termos, "fundamentais para manter vivas e saudáveis as democracias" são "as capacidades intelectuais de reflexão e de pensamento crítico". Somente uma mente aberta é o mais seguro apoio de uma sociedade aberta.

---

15. Ibid.

EPISTEMOLOGIA
E HERMENÊUTICA

> Mostrei que a interpretação dos textos (hermenêutica) trabalha com métodos claramente científicos.
>
> K. R. POPPER

> É preciso considerar que qualquer revisão do projeto inicial comporta a possibilidade de esboçar um novo projeto de sentido; que projetos contrastantes podem se entrecruzar em uma elaboração que no final conduz a uma visão mais clara da unidade do significado; que a interpretação começa com preconceitos que são progressivamente substituídos por conceitos adequados.
>
> H.-G. GADAMER

1. A ciência é falível

A ideia central da filosofia de Popper é a falibilidade do conhecimento humano. Acentuada na epistemologia pós-popperiana, epistemologia historicamente orientada, tal ideia reaparece em muitos pensadores – cientistas e filósofos – entre os séculos XIX e XX. Reaparece não apenas o conceito, mas também a terminologia. Assim, no primeiro capítulo de *David Copperfield*, Charles Dickens faz seu personagem dizer: "Não é preciso que eu diga mais nada (...), pois nada melhor que minha história pode demonstrar se aquela previsão é verificada ou falseada pelos eventos".

Tratava-se da predição feita pela ama e outras mulheres da vizinhança, segundo a qual David – tendo nascido durante as horas menores de uma noite de sexta-feira – seria desafortunado e teria o privilégio de ver espíritos e fantasmas. Dickens escrevia isso em 1850[1]. Cerca de trinta anos depois, Charles Pierce anotava que "a

---

1. DICKENS, Ch., *David Copperfield*, Harmondsworth, Penguin Books, 1966, 49. A expressão de Dickens foi notada por HAYEK, F. A. von, The Theory of Com-

proposição hipotética pode ser falsificada por um único estado de coisas"[2]. Por sua vez, em 1929, Clarence Irvine Lewis, no livro *Mind and the World-Order*, afirmava justamente a incerteza e a falseabilidade de todas as teorias científicas. Consideremos, escreve Lewis, a proposição "esta moeda é redonda". Ora, tal proposição implica "uma soma de experiência possível que é ilimitada e inexaurível"[3]. Com efeito, *se* esta moeda é redonda, *então* – se fosse medida com instrumentos de precisão – o resultado poderia ser este ou aquele; se esta moeda é redonda, então não parecerá elíptica se olhada de frente; e é possível observar quantas implicações desse gênero quisermos. E isso nos diz que a proposição "esta moeda é redonda" *não é uma proposição verificável de modo completo*; é uma proposição que permanece aberta a verificações futuras que a possam confirmar ou refutar, ou seja, desmentir. E aquilo que dissemos sobre a proposição "esta moeda é redonda" vale – sustenta Lewis – para *qualquer* conhecimento empírico: todo conhecimento empírico está sujeito à averiguação da experiência posterior, no sentido em que essa experiência futura pode invalidá-la. Busquemos, seguindo pontualmente a Lewis, ser claros acerca desse relevante argumento. Consideremos as seguintes proposições: 1) "Todos os cisnes são aves"; 2) "Todos os cisnes são brancos".

É claro que

> a primeira proposição não pode ser falsificada por nenhuma experiência possível porque sua verdade tem uma garantia puramente ló-

---

plex Phenomena, in: BUNGE, M. (org.), *The Critical Approach to Science and Philosophy. Essays in Honor of K. R. Popper*, New York, The Free Press, 1964, reed. in: HAYEK, F. A. von, *Studies in Philosophy, Politics and Economics*, London/Henley, Routledge & Kegan Paul, 1967, 24.

2. PEIRCE, Ch. S., *Collected Pappers*, ed. de Ch. Hartshorne e Weiss, Cambridge (Mass.), Harvard University Press, 1965, 3, 374.

3. LEWIS, I., *Mind and World-Order. Outline of a Theory of Knowledge*, New York, Charles Scribner's Sons, 1929, reed. New York, Dover, 1956; trad. it.: *Il pensiero e l'ordine del mondo*, ed. de Sergio Cremaschi, Torino, Rosenberg & Sellier, 1977, 159.

gica (...). Mas a proposição ("Todos os cisnes são brancos") não tem tal garantia lógica e pode ser falsificada pela experiência: podem ser descobertas criaturas negras que tenham todas as características dos cisnes[4].

A generalização empírica é seguramente um *a priori*, mas não é uma verdade analítica; e não é uma verdade analítica pela razão de que "a cor branca não está contida como essencial na denotação atribuída a 'cisne'". E, mais especificamente, a proposição "Todos os cisnes são brancos" pode ser falsificada, já que "toda proposição universal afirma a existência de uma classe de coisas: (...) que 'todos os cisnes são brancos' afirma que a classe dos cisnes com uma outra cor é uma classe vazia".

Portanto, conclui Lewis que "a generalização empírica será sempre dependente da experiência futura, portanto, apenas provável, enquanto a proposição *a priori* será sempre certa"[5].

O conhecimento empírico – em seus conceitos e em suas teorias – implica previsão; por isso a experiência futura pode sempre mostrá-lo falso. Mas – afirma Lewis – "é justamente a possibilidade, muito além de teórica, de que as generalizações nas quais nos apoiamos sejam falsas que torna a prática científica prazerosamente excitante"[6].

Apontando para a falseabilidade das teorias científicas, com resultados extremamente fecundos, Popper debruçou-se sobre uma ideia presente em muitos pensadores que lhe eram contemporâneos ou a ele precedentes (J. Tyndall, C. Bernard, W. Whewell, H. Hertz, C. S. Peirce, E. Naville, E. Mach, R. Enriques, G. Vailati, L. von Mises, P. Duhem, H. Poincaré, E. Claparède, V. Kraft...)[7]. Uma

---

4. Ibid., 171.
5. Ibid.
6. Ibid., 190.
7. Sobre as concepções epistemológicas desses autores, pode-se ver, para um primeiro contato, minha Introdução à edição italiana de NAVILLE, E., *La logica dell'ipotesi*, Milano, Rusconi, 1989, 7-102.

ideia que atualmente parece não sofrer ataques relevantes. Tanto menos afortunada parece ser uma outra de suas ideias: a da unidade substancial do método científico.

2. Quantos métodos existem na pesquisa científica?

Não é raro ouvir repetirem que o método das conjecturas e refutações é o método da física ou, antes, das ciências naturais, mas que não é válido, por exemplo, para as disciplinas humanísticas (psicologia, historiografia, filologia, linguística...). A ideia, em suma, é de que há um método diferente para cada âmbito (ou, ainda, para as diversas disciplinas) –, o das disciplinas físicas e o das disciplinas humanísticas. Mas há de fato dois ou mais métodos, ou toda a investigação científica se desenvolve obedecendo – de modo consciente ou inconsciente – às regras procedimentais e decisórias de um único método, que tem a força de fazer com que se escolha aquela que cada vez mais é – se existe – a melhor teoria, embora não tenha a força de garantir certeza? Reportamos aqui a resposta de Popper a esta importante interrogação:

> Minha concepção do método da ciência é simplesmente esta: ele sistematiza o método pré-científico do aprender com nossos erros; sistematiza-o graças ao instrumento que se chama discussão crítica. Toda a minha concepção do método científico pode se resumir dizendo que ele consiste nestes três passos:
> 1) Deparamo-nos com algum problema;
> 2) Tentamos resolvê-lo, por exemplo, propondo alguma nova teoria;
> 3) Aprendemos com nossos erros, especialmente com aqueles que nos foram apresentados pela discussão crítica de nossas tentativas de solução.

Ou, para dizer em três palavras: problemas-teorias-críticas.
Creio que nestas palavras, problemas-teorias-críticas pode-se resumir todo o modo de proceder da ciência racional[8].

Portanto, para Popper, todo o procedimento da ciência racional consiste em propor hipóteses como tentativas de solução dos problemas; hipóteses que devem ser submetidas a severas averiguações a fim de nelas se descobrirem eventuais erros a serem corrigidos mediante a proposta de outras hipóteses, que também serão averiguadas, e assim por diante. Esse método vale para toda a ciência racional: de qualquer ângulo da pesquisa, onde quer que haja problemas a serem resolvidos (em física, em linguística, em biologia e em economia, em sociologia e em química, na interpretação e na tradução de um texto e em astrofísica...), não podemos fazer nada além de propor conjecturas e colocá-las à prova. Diz ainda Popper:

> Elaborar a diferença entre ciência e disciplinas humanísticas foi por muito tempo uma moda e se tornou cansativo. O método de resolução de problemas, o método das conjecturas e refutações são praticados por ambas. É praticado na reconstrução de um texto corrompido bem como na formulação de uma teoria da radioatividade[9].

Ao falar de Gadamer, Popper sempre sustentou: "Mostrei que a interpretação dos textos (hermenêutica) trabalha com métodos claramente científicos"[10]. E, por fim: "O método das ciências sociais, assim como o das ciências naturais, consiste na experimentação de tentativas de solução para seus problemas (...)"[11].

---

8. POPPER, K. R., Problemi, scopi e responsabilità della scienza, in: id., *Scienza e filosofia*, Torino, Einaudi, 1969, 146.
9. Este trecho, que começa na citação anterior de Popper até aqui, consiste em uma repetição do que foi dito na Introdução, presente no original. (N. do T.)
10. POPPER, in: *Scienza e filosofia*.
11. Ibid.

3. Pensadores que defendem a unidade do método científico

A ideia de que o *método científico* é único (problemas-conjecturas-tentativas de refutação) e de que, ao contrário, diferentes são as *metódicas* (ou seja, as diversas técnicas de prova) não é uma proposta apenas de Popper. Trata-se de uma proposta que certamente encontrou adversários, por exemplo, de Dilthey aos neomarxistas da Escola de Frankfurt; mas, de qualquer forma, jamais faltaram aqueles que a sustentassem. A seguir, alguns deles.

Justus von Liebig (1803-1873): "Intelecto e fantasia são igualmente necessários e igualmente justificáveis para nosso saber, ambos e cada um deles participam em todos os problemas da física e da química, da medicina, da economia política, da história e da linguística, e cada um deles ocupa um determinado espaço no âmbito dessas ciências"[12].

William Whewell (1795-1866): "O caminho para chegar à verdade está em testar variadas hipóteses, em modificar as hipóteses, de modo a aproximar-se dos fatos, e em multiplicar os fatos, a fim de provar as hipóteses"[13].

Para *William Stanley Jevons* (1835-1882), qualquer investigação científica "consiste no matrimônio entre hipóteses e experimento; (...) os experimentos são empregados, como deve ser, para confirmar ou refutar antecipações hipotéticas da natureza (*to confirm or refute hypothetical antecipations of nature*)"[14].

Por sua vez, *Claude Bernard* (1813-1878), na célebre *Introdução ao estudo da medicina experimental* escreve que "a medicina experimental não é nada além de um raciocínio por meio do qual as ideias são submetidas à verificação pelos fatos"[15]; explica que "a

---

12. LIEBIG, J. Von, Induzione e deduzione, *Nuova Civiltà delle machine*, I (1983), 4, 7.
13. WHEWELL, W., *The Philosophy of Inductive Sciences*, London, 1848, v. I, 389.
14. JEVONS, W. S., *The Principles of Science. A Treatise on Logic and Scientific Method*, London, Macmillan and Co., 1873, 1887, 504.
15. BERNARD, C., *Introduzione allo studio della medicina sperimentale*, Milano, Feltrinelli, 1973, 10.

natureza do raciocínio científico é sempre a mesma, tanto para as ciências que estudam os seres vivos quanto para aquelas que se ocupam dos corpos sólidos"[16]; e conclui que é a ideia – verificada pelos fatos – que "representa toda a ciência"[17].

Ernest Naville (1816-1909) é autor de um esplêndido livro: A lógica da hipótese, no qual evidencia "a presença das hipóteses em todos os elementos da ciência sem exceção"[18]. Escreve Naville: "A lógica das hipóteses proíbe esquecer que nossas ideias científicas jamais são, em sua origem, mais que suposições, e não têm outro valor senão ao obterem sua confirmação experimental. A lição que essa lógica oferece é, antes de tudo, uma lição de prudência"[19]. E com toda clareza: "Em qualquer ordem de investigação, o método se compõe de três elementos: observação, suposição, verificação"[20].

Augusto Murri (1841-1932): "A invenção e a especulação são as primeiras qualidades do espírito humano também para as ciências, mas iludem-se aqueles que a creem ser dissociável de uma grande penetração crítica"[21]. Sua convicção era de que "não há dois ou mais métodos para obter o verdadeiro, mas apenas um"[22].

E, por último, G. A. Colozza, para o qual, "se tivesse havido menos imaginação, Darwin não só jamais teria errado, mas nada teria descoberto"[23], e segundo o qual, "em sua essência, o processo de investigação é idêntico para todas as ciências"[24].

---
16. Ibid.
17. Ibid., 36.
18. NAVILLE, E., La logica dell'ipotesi, Milano, Rusconi, 1989, 36.
19. Ibid., 128.
20. Ibid., 179.
21. MURRI, A., Quattro lezioni e una perizia. Il problema del método in medicina e biologia (1905), Bologna, Zanichelli, 1972, 20.
22. Ibid., 32.
23. COLOZZA, G. A., L'immaginazione nella scienza. Appunti di psicologia e pedagogia, Torino/Roma/Milano/Firenze/Napoli, Ditta G. B. Paravia e Comp., 1899, 13.
24. Ibid., 14.

4. O método da investigação para A. Einstein

Seria possível continuar a elencar autores que defenderam a unidade do método científico tomado exatamente como o método das conjecturas e refutações. Foi Albert Einstein que sustentou que "a ciência não é (...) um catálogo de fatos sem nexo. É uma criação do intelecto humano, com suas livres invenções de ideias e conceitos"[25]. E "não há nenhum método indutivo que possa conduzir aos conceitos fundamentais da física"[26]. A teoria "é obra do homem. É o resultado de um processo de adaptação extraordinariamente laborioso: hipotético, nunca completamente definitivo, sempre sujeito a discussões e dúvidas"[27]. A solução dos problemas tem necessidade da invenção de ideias e conceitos: ideias e conceitos a serem validados pela experiência. "A experiência é o alfa e o ômega de todo o nosso saber acerca da realidade"[28]; e "a verdade é aquilo que resiste à prova da experiência"[29]. É com base nas consequências da observação que uma teoria é averiguada: "Aspiramos a que os fatos observados descendam logicamente de nossa concepção da realidade"[30]. E, se os fatos observados contrariam a teoria, é a teoria, em geral, que deve ser abandonada: "Se apenas uma de suas [da teoria da relatividade] consequências se mostrasse inexata, seria preciso abandoná-la; toda mudança seria impossível sem abalar todo o edifício"[31].

Ainda acerca da ideia que Einstein tinha sobre o método, é de enorme interesse seu breve artigo publicado em 25 de dezembro de

---

25. EINSTEIN, A.; INFELD, L., *L'evoluzione della fisica*, Torino, Boringhieri, 2011, 301.
26. EINSTEIN, A., Fisica e realtà, in: id., *Pensieri degli anni difficili*, Torino, Boringhieri, 1965, 56.
27. Id., I fondamenti della fisica teorica, in: *Pensieri degli anni difficili*, 114.
28. Id., La ricerca scientifica, in: id., *Come io vedo il mondo*, Milano, Giachini Editore, s.d., 60.
29. EINSTEIN, A.; INFELD, L., *L'evoluzione della fisica*, 160.
30. Ibid., 303.
31. EINSTEIN, A., Che cos'è la teoria della relatività?, in: id., *Come io vedo il mondo*, 122.

1919 no Berliner Tageblatt. O artigo se intitula *Induktion und Deduktion in der Physik* ["Indução e dedução na física"]. Transcrevo-o por inteiro:

> A imagem mais simples que se pode formar da origem de uma ciência empírica (*Erfahrungswissenschaft*) é a que se baseia no método indutivo. Fatos singulares são escolhidos e agrupados de modo que possa emergir com clareza a relação legiforme que os conecte. Por meio do agrupamento dessas regularidades é possível obter ulteriores regularidades mais gerais, até se configurar – em consideração do conjunto disponível de fatos singulares – um sistema mais ou menos unitário, tal que a mente que olha as coisas a partir das generalizações possa por fim, ao contrário, pela via puramente lógica, retornar aos fatos particulares.
>
> Um rápido olhar para o desenvolvimento efetivo da ciência mostra que poucos dos grandes progressos do conhecimento científico ocorreram desse modo. Com efeito, se o pesquisador se aproximasse das coisas sem alguma ideia (*Meinung*) preconcebida, como poderia apreender, do meio de uma enorme quantidade da mais complicada experiência, fatos que são demasiados para obter relações legiformes válidas? Galileu jamais teria podido encontrar a lei da queda livre dos corpos sem a ideia preconcebida estando presente, embora as relações que de fato encontramos sejam complicadas pela ação da resistência do ar, além de considerarmos quedas de corpos nas quais tal resistência exerce um papel substancialmente nulo.
>
> Os progressos verdadeiramente grandes do conhecimento da natureza seguiram um caminho quase diametralmente oposto ao da indução. Uma concepção (*Erfassung*) intuitiva do essencial de um grande complexo de coisas leva o pesquisador à proposta (*Aufstellung*) de um princípio (*Grundgesetz*) hipotético ou de muitos princípios de tal gênero. Do princípio (sistema de axiomas) ele deduz por via puramente lógico-dedutiva as consequências do modo mais completo possível. Essas consequências extraíveis do princípio, em geral por meio de desenvolvimentos e cálculos fatigosos, são depois

postas em confronto com as experiências e fornecem, assim, um critério para a justificação (*Berechtigung*) do princípio admitido. O princípio (axiomas) e as consequências formam juntos aquilo que se chama uma "teoria". Qualquer pessoa culta sabe que os maiores progressos do conhecimento da natureza – por exemplo, a teoria da gravidade de Newton, a termodinâmica, a teoria cinética dos gases, a eletrodinâmica moderna... – originaram-se todos por essa via e que seu fundamento é de natureza hipotética. O pesquisador parte, portanto, sempre dos fatos, cujo nexo constitui o escopo de seus esforços. Mas ele não chega a seu sistema teórico por via metódica, indutiva; ele, antes, aproxima-se dos fatos por meio de uma escolha intuitiva entre teorias pensáveis baseadas em axiomas. Uma teoria pode ser reconhecida como errada se há um erro lógico em suas deduções ou pode ser reconhecida como inadequada (*unzutreffende*) se um fato não concorda com uma de suas consequências. Mas a *verdade* de uma teoria jamais pode ser demonstrada. E isso porque não se sabe se no futuro se descobrirá alguma experiência que contradiga suas consequências; e sempre são concebíveis outros sistemas de pensamento que estejam em condições de conectar os mesmos fatos dados. Se duas teorias estão à disposição, ambas compatíveis com o material factual dado, então não há nenhum outro critério para preferir uma a outra senão o olhar intuitivo do pesquisador. E assim se pode compreender como agudos pesquisadores que dominam teorias e fatos podem, todavia, ser apaixonados defensores de teorias opostas.

Nesta agitada época, sugiro ao leitor estas breves e objetivas considerações, já que sou da opinião de que por meio da silenciosa dedicação a objetivos eternos, comuns a todas as culturas humanas, pode-se, hoje, ser mais ativamente útil à recuperação da saúde política do que por meio de negociações e profissões políticas[32].

---

32. Einstein, A., Induktion und Deduktion in der Physik, in: id., *Berliner Tageblatt*, 25 de dezembro de 1919.

5. Médicos e biólogos entre conjecturas e refutações

Se o método do físico é aquele que, segundo Popper, se reduz às três palavras "problemas-teorias-críticas", esse método é também o método do biólogo. Em 1861, Charles Darwin escreveu a Harvey Fawcett: "É muito estranho que nem todos compreendam que qualquer observação, para ter alguma utilidade, deve ser a favor ou contra alguma opinião"[33]. É preciso, portanto, propor hipóteses ou conjecturas para explicar os fatos. Na *Autobiografia* de Darwin lemos: "Desde minha primeira juventude desenvolvi um vivo desejo de entender e explicar tudo aquilo que observamos, isto é, agrupar todos os fatos sob leis gerais"[34]. Leis gerais, vale dizer, teorias: eis aquilo de que o biólogo necessita para explicar os fatos. Francis Darwin, filho de Charles, anotava a respeito do pai: "Ele dizia com frequência que não se pode ser um bom observador sem ser também um ativo teorizador"[35]. Mas o cientista sério sabe que não pode apegar-se às ideias como a dogmas. E o próprio Darwin confessa proceder "de modo a poder renunciar a qualquer hipótese, ainda que muito amada (e não sei deter-me a formular uma para cada assunto), assim que me seja demonstrado que os fatos se opõem a ela"[36].

Que o método das conjecturas e refutações seja o método da pesquisa biológica também o pensam P. Medawar e J. C. Eccles, J. Monod e H. Krebs. E esse é o método do médico: não é racional o médico que, para salvar o diagnóstico, mata o paciente; racional, antes, é o médico que, para salvar o paciente, mata – isto é, falsifica – seus diagnósticos até chegar, como se espera, a um adequado. E, neste ponto, será bom não se esquecer de alguns pensamentos de Augusto Murri:

---

33. DARWIN, Ch., *More Letters*, v. I., 10.
34. Id., *Autobiografia*, trad. it., Torino, Einaudi, 1962, 123.
35. DARWIN, F., *Life and Letters of Charles Darwin*, London, 1983, v. I, 149.
36. Id., *Autobiografia*, 123.

A invenção e a especulação são as primeiras qualidades do espírito humano, mas se iludem aqueles que acreditam ser dissociáveis de uma grande penetração crítica[37].

Nossa razão está longe de ser um infalível dispositivo gerador de luz; é estranho, mas somos justamente nós, racionalistas, que mais a definimos desse modo. Já o disse, por sua vez, o príncipe dos racionalistas: *a pretensão de não errar nunca é uma ideia de insensatos*. Contudo, adoramos a razão, pois cremos que só ela possa nos trazer o saber. Como podemos, portanto, ser racionalistas sem elevar a crítica a uma altíssima dignidade? É ela que pode corrigir as danosas inclinações da mente humana[38].

Só os tolos e os semideuses, que creem ser invulneráveis, têm aversão à crítica, embora a crítica não seja a mais alta, é certamente a mais fundamental qualidade do espírito, pois é a mais eficaz profilaxia do erro. Podem considerá-la vã somente aqueles que, se ela não existisse, passariam por gênios[39].

A verdade é que

todos os dias se corrige um erro, todos os dias se aprende a saber melhor aquilo que podemos fazer de bom ou aquilo a que ainda estamos condenados a deixar ocorrer de mal, todos os dias erramos menos que no dia anterior e aprendemos a saber fazer melhor no dia seguinte. Errar, sim. É uma palavra que dá medo ao público. Errar sobre nossos gastos? Errar sobre nosso custo de vida? O espanto parece justíssimo, a acusação, contudo, grave! Entretanto, ou aventurar-se ao perigo de um erro ou renunciar aos benefícios do saber! Não há outro caminho. O homem que não erra não existe[40].

---
37. Murri, *Quatto lezioni e una perizia*, 20.
38. Ibid., 19-20.
39. Ibid., 87-88.
40. Ibid., 45-46.

Eis, então, duas de suas exortações:

Gozam os metafísicos de suas verdades eternas, sobre as quais ainda não chegaram a um acordo. Preferimos nossos erros atuais, basta-nos saber que eles contêm um pouco mais de verdade do que os erros do passado[41].

Na clínica, assim como na vida, é preciso ter um preconceito, um só, mas inalienável – o preconceito de que tudo aquilo que se afirma e que se toma por verdadeiro pode ser falso: é preciso estabelecer para si mesmo uma regra constante de criticar tudo e todos antes de crer: é preciso ter como dever primordial perguntar *"por que devo crer nisto?"*[42].

Em 30 de março de 1875, morre, em Florença, Maurizio Bufalini. O município de Florença pretendia sepultar o corpo em Santa Croce. Mas isso não foi possível porque o testamento de Bufalini continha a vontade expressa dele de ser sepultado em sua cidade natal, em Cesena. Dois médicos de Cesena, G. Josa e F. Ciotti, escreveram:

Nas cidades da Emilia-Romagna pelas quais o corpo passou foram feitas homenagens solenes, mas foi em Cesena que a grandiosidade

---

41. Ibid., 12-13.
42. Ibid., 19. Sobre a metodologia do diagnóstico clínico, consulte-se: Austoni, A., Epistemologia contemporanea e metodo clinico: vantaggi e limiti operativi, *Medicina nei secoli*, 2 (1977); Baldini, M., *Epistemologia contemporanea e clinica medica*, Firenza, Città di Vita, 1975; Scandellari, C., *La stretegia della diagnosi*, Padova, Piccin, 1981; Federspil, G., *I fondamenti del metodo in medicina clinica e sperimentale*, Padova, Piccin, 1981; Federspil, G.; Scandellari, C. (org.), *Scoperta e diagnosi in medicina*, Padova, Piccin, 1983; Giunchi, G., Il problema del metodo in medicina clinica, *Medicina nei secoli*, 3 (1975); Timio, M., *La strumentazione in cardiologia*, Roma, Borla, 1985; Raineri, P., *Diagnosi clinica. Storia e metodologia*, Roma, Borla, 1989; Cagli, V., *La visita medica*, Padova, Piccin, 1991. Clássicos no âmbito da metodologia das ciências médico-biológicas são: Bernard, *Introduzione allo studio della medicina sperimentale*; Murri, *Quattro lezioni e una perizia*.

das manifestações superou qualquer previsão. Quando o corpo chegou a Cesena, era um dia de festa, mas toda a cidade estava em luto e toda a população foi às ruas para acompanhar o féretro[43].

Uma década após a morte de Bufalini, Augusto Murri perguntou em que consistia a importância de Bufalini e o que restara de seu ensinamento:

> O que resta? Nada mais que um conselho, mas um conselho segundo o qual a medicina se renovou e continuará a se renovar: foi ele que, aos médicos que havia séculos comentavam atrás das arcádias, repetiu com firmeza que tais hesitações haviam durado muito tempo e que já era tempo de, abandonando qualquer *a priori*, submeter ingenuamente a matéria à observação clínica, com o bisturi, com o microscópio, com a pinça, com os aparelhos, com a dissecação[44].

Bufalini escreveria na *Cicalata* 3: "Ouvi aquela que é minha moral: a ciência é posta em discussão por amor à verdade. A verdade provém do conflito das opiniões (...)". E na *Cicalata* 2, a moral dos sistemáticos e dos dogmáticos: "(...) é certamente uma moral infernal se pretendem fazer suas opiniões passarem por indiscutíveis, pois, enquanto nas outras ciências o erro tem um baixo custo, aqui os erros custam vidas humanas e mais do que nunca são necessárias a prudência e a discussão"[45].

---

43. IOSA, G.; CIOTTI, F., Breve introduzione alla vita e alle opere di Maurizio Bufalini, in: *Atti del Convegno. Il metodo scientifico in medicina. Un contributo alla memoria di Maurizio Bufalini, Romagna Medica*, supl. ao v. XXXIV, fasc. V, 1982, 13.

44. MURRI, A., Maurizio Bufalini e il valore del metodo nell'indagine scientifica, *Rivista clinica*, 1883; reed. em GNUDI, A.; VEDRANI, A. (org.), *Pensieri e precetti*, Bologna, Zanichelli, 1913, 11.

45. Para esses trechos de Bufalini, pode-se ver meu ensaio: Logica e metodologia della diagnosi, in: Maurizio Bufalini e nell'epistemologia contemporanea, *Atti del Convegno*, 42ss.

6. O círculo hermenêutico

Que físicos, biólogos, químicos, médicos ou mesmo geólogos usem o método ou procedimento no qual o cientista, partindo dos problemas, propõe conjecturas a serem verificadas e talvez falsificadas, é atualmente uma ideia combatida apenas por poucos grupos retrógrados. Esse método, contudo, para muitos parece não ser o método adequado para as ciências humanas. Em outros termos, onde é preciso examinar o mundo humano, a explicação causal (o *Erklären*) não poderia funcionar; o método de tentativa e erro, em suma, não seria adequado quando se trata de explicar as ações do homem ou os produtos do espírito humano, tais como as produções artísticas, os sistemas legais, as crenças religiosas e filosóficas, os institutos sociais e as instituições políticas. Nesse âmbito, seria necessário *outro método*, um *procedimento diferente* que estivesse em condições de *compreender* uma ação humana, de *interpretar* o sentido de uma norma de um código penal, de *entender* a função de uma instituição ou de um rito. Em suma: haveria todo um universo de objetos (ações humanas, instituições sociais, textos contendo códigos jurídicos, sistemas filosóficos, dogmas religiosos, romances, divagações...) a interpretar e compreender (*verstehen*) mais do que a explicar de modo causal.

É verdade, contudo, que há dois (ou, talvez, mais métodos) na pesquisa científica? Ou há um único método? *Compreender* uma ação humana, um rito ou uma instituição é de fato algo diferente de compreender suas *causas* ou *efeitos*? E ainda: interpretar um texto (jurídico, filosófico, literário...) é um procedimento de fato diferente daquele usado em física, em que são propostas conjecturas que são postas à prova por suas consequências observáveis?

Perguntei a Hans Albert quais seriam as relações entre o círculo hermenêutico de Gadamer e o método popperiano das conjecturas e refutações. Albert respondeu que há apenas vagas analogias[46].

---

46. Veja-se o apêndice de meu volume *Teoria della razionalità e scienze sociali*, Roma, Borla, 1991.

Vattimo substancialmente não respondeu à mesma pergunta. Mas Popper escreveu que o intérprete de textos, ou seja, o hermeneuta trabalha com os mesmos métodos que as ciências naturais. E acrescentou que a distância que os teóricos da hermenêutica tomam nos confrontos das ciências naturais é devida ao fato de que têm uma ideia errônea do método científico e de que "parecem aceitar, *implícita e acriticamente*, que o positivismo ou o cientificismo é *a única filosofia apropriada às ciências naturais*"[47].

Ao analisar *Verdade e método*, detendo a atenção na ideia que Gadamer tem de ciência natural e de seu método, logo veremos que Popper tem razão quando afirma que os teóricos da hermenêutica são vítimas de uma ideia errônea de ciência natural. De outro lado, examinando a descrição que Gadamer faz do *procedimento hermenêutico* e suas análises do conceito de *experiência*, deve-se concluir que Popper tem ainda razão quando sustenta que o método do hermeneuta é o mesmo do físico.

Há textos providos de sentido que, por sua vez, falam de coisas; o intérprete se aproxima dos textos não tendo a mente similar a uma *tabula rasa*, mas com sua pré-compreensão (*Vorverständnis*), isto é, com seus "preconceitos", suas pressuposições, suas expectativas; dado aquele texto e dada aquela pré-compreensão do intérprete, esboça-se um "significado" preliminar de tal texto, e tal esboço se produziu porque o texto é lido pelo intérprete com certas expectativas determinadas, derivadas de sua pré-compreensão. E o trabalho posterior do hermeneuta consiste todo ele na elaboração desse projeto inicial, "que é continuamente revisto com base naquilo que resulta da ulterior penetração do texto"[48]. Na verdade, afirma Gadamer,

> é preciso (...) considerar que qualquer revisão do projeto inicial comporta a possibilidade de esboçar um novo projeto de sentido;

---

47. POPPER, *La teoria del pensiero oggettivo*, 241.
48. GADAMER, H.-G., *Verità e metodo*, trad. it. de Gianni Vattimo, Milano, Fratelli Fabbri, 1972, 314 [trad.: *Verdade e método*, Petrópolis, Vozes, 2004 (N. do T.)].

que projetos contrastantes possam se entrecruzar em uma elaboração que no final conduz a uma visão mais clara da unidade do significado; que a interpretação começa com preconceitos, os quais são progressivamente substituídos por conceitos mais adequados. Esse contínuo renovar-se do projeto é o que constitui o momento do compreender e do interpretar, sendo o processo que Heidegger descreve. Aquele que busca compreender está exposto a erros diante de pressuposições que não encontram confirmação no objeto. É uma tarefa permanente da compreensão a elaboração e a articulação dos projetos corretos, adequados, que como projetos são antecipações que podem ser validados apenas em relação ao objeto. A única objetividade aqui é a confirmação que uma pressuposição pode receber por meio da elaboração. O que distingue as pressuposições inadequadas senão o fato de que, ao se desenvolverem, revelam-se insuficientes? Ora, o compreender somente chega à sua possibilidade autêntica se as pressuposições das quais parte não são arbitrárias. Há, portanto, um sentido positivo no dizer que o intérprete não acede ao texto simplesmente permanecendo no início das pressuposições já presentes nele, mas antes, na relação com o texto, põe à prova a legitimidade, isto é, a origem e a validade de tais pressuposições[49].

Portanto, o intérprete aborda o texto com seu *Vorverständnis*, com suas pressuposições, com seus preconceitos. E, com base nelas, elabora um esboço preliminar de interpretação. Mas esse esboço pode ser mais ou menos adequado. E é a análise posterior do texto (do texto e do contexto) que dirá se esse primeiro esboço de interpretação é mais ou menos correto, se corresponde ou não àquilo que o texto diz. E, se essa primeira interpretação mostra-se em contraste com o texto, se fala contra ele, ou com alguma parte dele e/ou do contexto, então o intérprete elaborará um segundo projeto de sentido, isto é, uma nova interpretação, que se avaliará pelo texto (e pelo contexto) para ver se ela pode resultar mais ou menos

---

49. Ibid.

adequada. E assim por diante. Assim ao infinito, já que a tarefa do hermeneuta é uma tarefa infinita, todavia, possível. Os pontos centrais da teoria da *experiência hermenêutica* são interconectados com a ideia de *Zirkel des Verstehens*:

> Que a experiência seja válida até não ser contradita por uma nova experiência (*ubi non reperitur instantia contradictoria*) é um dado que caracteriza obviamente a natureza geral da experiência, quer se trate de sua organização científica em sentido moderno, quer se trate da experiência comum que o ser humano faz desde sempre[50].

Mais em particular, para Gadamer, a formação da universalidade da ciência

> desenvolve-se (...) mediante um processo no qual generalizações são continuamente contrariadas pela experiência, e algo que era considerado típico é, por assim dizer, destipificado. Isso se exprime já na linguagem, quando falamos de experiência em dois sentidos: de um lado, das experiências que se inserem ordenadamente em nossas expectativas, de outro, da experiência que alguém "faz". Esta última, que é a experiência autêntica, é sempre uma experiência negativa. Quando dizemos ter feito uma experiência, pretendemos dizer que até então não havíamos visto as coisas corretamente e que agora sabemos melhor como são. A negatividade da experiência tem, portanto, um sentido particularmente produtivo[51].

Chegando até aqui, apresenta-se uma questão inevitável: o método popperiano por *trial and error* e o "círculo hermenêutico" de Gadamer descrevem dois procedimentos diferentes ou se trata de um mesmo procedimento descrito em dois "jargões" diferentes?

---

50. Ibid., 405.
51. Ibid., 408.

7. As tentativas e os erros dos críticos textuais

Que se trate do mesmo procedimento não tardamos em admitir quando consideramos os escritos metodológicos em que críticos textuais – como Paul Maas, Hermann Fränkel ou Giorgio Pasquali – refletiram sobre as regras que guiam o trabalho do crítico textual:

> Não possuímos autógrafos gregos ou latinos, nem sequer cópias que tenham sido cotejadas com o original, mas somente cópias que derivam do original por meio de um número desconhecido de outras cópias intermediárias, que por isso são de segurança relativamente dúbia. A tarefa da crítica do texto é a restituição de um texto que se aproxime o máximo possível do original (*constitutio textus*)[52].

Entre o texto, portanto, e o crítico textual há a tradição, que podemos entender como o complexo das testemunhas (mais ou menos variantes, conforme o caso, sobre os mesmos pontos) de uma obra. E, na página mais viva, porque, como diz Pasquali, mais histórica de seu trabalho, Maas compara a tradição a um curso de água:

> Uma torrente subterrânea nasce oculta por um monte inacessível. Ela se divide em ramos subterrâneos que, por sua vez, se ramificam e alguns aparecem no sopé do monte em nascentes na superfície da terra; a água dessas nascentes logo desaparece novamente sob a terra e pode ainda muitas vezes aparecer na superfície em lugares mais baixos e finalmente continuar a escoar de modo visível. Desde sua origem, a água tem sempre cores cambiantes, mas belas e puras; ela passa, escoando sob a terra, por muitos lugares, dos quais, de tempos em tempos, afluem na água materiais que alteram sua cor: o mesmo ocorre em todas as ramificações e em cada nascente que aparece na superfície. Cada afluente de água muda a cor do rio em

---

52. Maas, P., *Critica del testo*, trad. it., Firenza, Le Monnier, 1972, 1.

seu curso, e esse curso conserva essa cor de modo durável; somente débeis alterações de cor se perdem, pois, nesse caso, as águas se purificam de si mesmas em seu curso. À nossa vista, a água que mudou de cor em novos afluentes distingue-se daquela originária, mas apenas algumas vezes se diferencia de modo que o olho logo reconheça que a alteração deve-se a novos afluentes; geralmente se distingue somente de tal modo que é perceptível apenas uma nuance de cor em diferentes nascentes. Entretanto, a análise química pode no mais das vezes determinar os elementos impuros e geralmente pode obter novamente a cor originária, mas por vezes nem mesmo esta pode ser obtida. A finalidade da pesquisa é examinar a pureza das cores apoiando-se nas nascentes[53].

E essa finalidade, a *constitutio textus*, é buscada por meio de uma selva de conjecturas e refutações.

8. As conjecturas e refutações dos tradutores

Que toda tradução seja uma interpretação não é mistério para ninguém. Quem tem experiência de tradução sabe bem que traduzir significa transpor um texto de uma língua a outra por meio de uma série de tentativas e erros, de conjecturas e de provas. Pensemos naquilo que ocorria quando devíamos fazer uma versão do grego ou do latim. Bem, quando o trecho a ser traduzido era ditado, procedíamos com tentativas de rascunhos de tradução das palavras, das expressões que íamos escrevendo aos poucos; tais tentativas mudavam à medida que se ia escrevendo. Uma vez terminado o ditado, logo tínhamos a ideia do sentido do trecho (descrição de uma batalha, uma missão diplomática, uma viagem, uma fábula com conteúdo moral, um resumo de alguma ação de algum personagem

---

53. Ibid., 26-27.

ilustre etc.), e então se buscava enquadrar os trechos do texto ainda não integrados (um advérbio ou um adjetivo, um verbo, uma expressão inteira ou várias expressões) no todo (de sentido) que havíamos proposto. Podia acontecer que os trechos (ou as partes) se inserissem rapidamente sem dificuldade nessa nossa tentativa de interpretação. Mas podia acontecer também que trechos resistissem às nossas tentativas de integração: eram momentos terríveis da tarefa em classe, quando se tinha a sensação de estar errando a versão. Que nosso rascunho nem sempre estava correto (ou mesmo que estivesse errado) víamos quando a resistência de algum trecho não enquadrado em nosso esboço total de interpretação se reforçava ligando-se a outros fragmentos por vezes ambíguos (em relação ao nosso rascunho) e nos constrangia a abandonar nossa interpretação. E assim recomeçávamos nossas tentativas de conjecturas sobre o sentido do texto a ser traduzido, de interpretações daquilo que o texto poderia dizer, e nossas provas (sobre a exatidão da interpretação) por meio do enquadramento de todos os pedaços do texto em nossa conjectura. Por vezes, o próprio título da versão nos dava uma primeira informação sobre o sentido do texto. E o desconforto era grande quando o professor ditava um texto sem título: o jogo de adivinhação do que dizia o trecho era ainda mais arriscado. Outras vezes, se o trecho estava fora de nossa "memória" ou "pré-compreensão", ou seja, se tratava de eventos, fatos, personagens ou instituições não conhecidos e não estudados, corria-se então o risco de entregar a folha em branco.

Tudo isso diz respeito à interpretação do trecho, nossa conjectura sobre o texto, e a retroação das partes do texto em nossas tentativas. Não se demora muito para ver que estamos com toda clareza, mais uma vez, diante do *Zirkel des Verstehens*, do círculo hermenêutico, que, como vemos novamente, não difere minimamente do método por tentativa e eliminação dos erros.

Traduzir quer dizer interpretar: interpretar quer dizer, antes de mais nada, elaborar uma conjectura sobre o sentido do texto ("aqui se trata disto ou daquilo"); e a conjectura é averiguada com base no texto. Mas é óbvio que o tradutor – isto é, o intérprete do texto, que "pilota" em sua língua o texto escrito em outra língua – é um indivíduo com um *Vorverständnis* que lança sobre o texto certos *Vorurteile* mais do que outros; isso para dizer que historicamente o texto a ser traduzido retroage sobre *Vorurteile* ao menos em partes diversas, o que explica a diversidade de traduções e a razão pela qual um texto é constantemente traduzido de novo. E aqui a distância temporal não é um obstáculo no caminho para uma melhor tradução: quanto mais se entende, com o passar do tempo, a língua usada pelo autor, quanto mais se sabe de história, de etnografia..., melhor se pode traduzir. É assim que podemos compreender o que Georges Mounin escreve a respeito da tradução da Bíblia:

> Percorrer uma a uma as traduções da Bíblia que se seguiram através dos séculos é sempre uma experiência espantosa para um leitor profano de boa-fé: leiamos, por exemplo, as diversas versões de um mesmo texto (o *Cântico dos Cânticos*, por exemplo), que séculos de leitores admiraram; a impressão que se tem não condena a tradução, e talvez antes nos faça tocar com a mão sua validade, seu aperfeiçoamento contínuo de uma época a outra; sob nossos olhos, com efeito, a cada uma dessas novas traduções da Bíblia vemos literalmente desenvolver-se uma civilização cada vez menos similar à nossa, quanto mais próximos nos encontramos nos séculos; e cada tradução deriva de um ou mais estratos em relação ao original tal como uma escavação arqueológica faz reaparecer um lugar enterrado[54].

Por isso, o *traduzir*, como o *interpretar* (e como a busca da verdade), é uma tarefa infinita. E, entre outras coisas, vale para a tradução aquilo que Gadamer escreveu sobre a interpretação: "O

---

54. MOUNIN, G., *Teoria e storia della traduzione*, trad. it., Torino, Einaudi, 1955, 133.

critério para estabelecer a correção da interpretação é adequar os elementos particulares ao todo. Se não há tal adequação, a interpretação é falha"[55].

9. H. G. Gadamer e K. R. Popper: "traduzir" é "reproduzir"

É sempre Gadamer que diz que, por exemplo, no caso da tradução de uma língua estrangeira

> não pode haver dúvida de que a tradução de um texto, por mais que o tradutor tenha penetrado na alma e na mentalidade de um autor, jamais pode ser uma pura ritualização do processo espiritual originário da produção, mas uma reprodução do texto guiada pela compreensão daquilo que nele é dito. Ninguém pode pôr em dúvida que aqui se trata de uma interpretação, não de um puro decalque. É uma luz nova e diferente daquela que é projetada sobre o texto da nova língua e para o leitor da tradução. O imperativo da fidelidade, que vale para qualquer tradução, não pode suprimir as diferenças fundamentais que subsistem entre as diversas línguas. Mesmo quando nos propomos ser escrupulosamente fiéis nos deparamos com a necessidade de fazer difíceis escolhas. Se na tradução queremos fazer ressaltar um aspecto do original que nos parece importante, isso pode ocorrer, então, pelo preço de deixar em segundo plano ou até eliminar outros aspectos também presentes. Mas isso é justamente o que chamamos de interpretar. A tradução, como interpretação, é uma clarificação com ênfase. Quem traduz deve assumir a responsabilidade de tal ênfase. Não pode deixar em suspenso nada que não lhe seja claro. Deve decidir o sentido de qualquer opacidade. Há certos casos em que mesmo no original (para o leitor "originário") há algo de obscuro. Mas justamente nesses casos-limite é plenamente iluminada a necessidade de decidir, da qual o

---

55. GADAMER, *Verità e metodo*, 341.

intérprete não pode fugir. Deve resignar-se e dizer claramente como entende mesmo essas partes obscuras do texto. Na medida em que nem sempre está em condições de exprimir verdadeiramente todas as dimensões do texto, seu trabalho implica também uma renúncia contínua. Toda tradução que leve a sério a própria tarefa resulta mais clara e mais superficial que o original. Mesmo quando é perfeita, não é possível não lhe faltar algumas das ressonâncias que são percebidas no original. Em certos casos raros de obras-primas da tradução, que são verdadeiras recriações, tal perda pode ser compensada ou até ser resolvida em um ganho: pense, por exemplo, em como *Les fleurs du mal* de Baudelaire, na tradução poética de Stefan George, parecem respirar com uma nova saúde[56].

E, por sua vez, Karl R. Popper escreveu:

É evidente que a mudança de uma palavra pode mudar radicalmente o significado de uma asserção; do mesmo modo como a mudança de uma letra pode mudar radicalmente o significado de uma palavra e, portanto, de uma teoria – e poderá perceber isso quem quer que se interesse pela interpretação, digamos, de Parmênides. Embora os erros dos copistas e dos tipógrafos, ainda que possam ser fatalmente desviantes, nas mais das vezes podem ser corrigidos refletindo seu contexto.

Quem já fez qualquer tradução e refletiu sobre o que foi feito sabe que não há uma tradução gramaticalmente correta – e mesmo quase – de qualquer texto interessante. Toda boa tradução é uma *interpretação* do texto original; e chegarei ao ponto de dizer que qualquer boa tradução de um texto não banal deve ser uma reconstrução teórica. Ela compreenderá, portanto, um pouco de comentário. Toda boa tradução deve ser ao mesmo tempo precisa e livre. Diga-se de passagem, é um engano pensar que na tentativa de traduzir um tre-

---

56. Ibid., 444.

cho de um escrito puramente teórico as considerações estéticas não sejam importantes. Basta pensar em uma teoria como a de Newton ou a de Einstein para ver que uma tradução que transponha o conteúdo de uma teoria, mas não consiga evidenciar certas simetrias internas, pode ser totalmente insatisfatória; a ponto de que, se alguém fizesse apenas essa tradução em que descobrisse tais simetrias, teria exatamente a impressão de ter feito ele mesmo uma contribuição original, de ter descoberto um teorema, ainda que o teorema interessasse principalmente por razões estéticas. (De modo possivelmente similar, uma tradução em versos de Xenófanes, Parmênides, Empédocles ou Lucrécio é preferível, permanecendo imutáveis as outras condições, a uma versão em prosa.)

De qualquer modo, a menos que uma tradução possa ser feia porque não suficientemente exata, uma tradução exata de um texto difícil simplesmente não existe. E, se as duas línguas têm uma estrutura diferente, certas teorias podem ser quase intraduzíveis (como bem demonstrou Benjamin Lee Whorf). Certamente, se as línguas forem estreitamente próximas entre si como, por exemplo, o grego e o latim, a introdução de poucas palavras cunhadas ocasionalmente pode ser suficiente para tornar uma tradução possível. Mas em outros casos é possível que todo um elaborado comentário tome o lugar da tradução[57].

10. Razões da não existência do método indutivo em historiografia

Muitas pessoas, e também – ao que parece – alguns autores de manuais, têm uma ideia surpreendentemente ingênua do modo de proceder de nosso trabalho. "No princípio – diriam de bom grado – há os documentos. O historiador os recolhe, os lê, esforça-se para

---

57. POPPER, K. R., *La ricerca non ha fine*, trad. it., Roma, Armando, 1997, 36-37.

avaliar sua autenticidade e veracidade. Depois disso, e somente então, os utiliza."[58]

Essa é a *imagem indutivista do trabalho do historiador*: reúnem-se os fatos, eles são avaliados e, *depois*, interpretados. Ora, contudo, afirma Marc Bloch, "há só um problema: nenhum historiador procede assim. Por vezes, por acaso, imagina fazê-lo"[59]. De fato, "os textos, ou os documentos arqueológicos, mesmo aqueles aparentemente mais claros e mais complacentes, falam apenas quando se lhes sabe interrogar"[60]. Os documentos, ao lado de qualquer outro fragmento da realidade, não falam por si. "Antes de Boucher de Perthes, os silícios eram abundantes como hoje nos terrenos inundados de Sumas: faltava, contudo, a interrogação, e não havia a pré-história"[61]. Como arguto medievalista, Bloch confessa não conhecer uma leitura mais atraente do que a de um epistolário. E por quê? "Porque sei", responde, "o que lhe perguntar. Ao contrário, uma coletânea de inscrições romanas diz-me bem pouco. Sei lê-las, bem ou mal, mas não sei interrogá-las. Em outras palavras, qualquer pesquisa pressupõe, desde os primeiros passos, uma direção que tomará. No princípio há uma mente pensante. Nunca, em nenhuma ciência, a observação passiva – na hipótese de que ela seja possível – produziu algo de fecundo"[62]. A realidade é que a mente do historiador perscruta arquivos ou, por exemplo, move-se entre escavações *tendo um questionário*:

Sem que o estudioso tenha consciência disso, seus critérios lhe são ditados pelas afirmações ou pelas hesitações que as experiências pre-

---

58. BLOCH, M., *Apologia della storia o mestieri di storico*, Torino, Einaudi, 1966, 69 [trad.: *Apologia da História. Ou o ofício do historiador*, Rio de Janeiro, Zahar, 2002 (N. do T.)].
59. Ibid.
60. Ibid., 70. Como dizia J. Stuart Mill, "os fatos em si são mudos, falam apenas quando alguém sabe contar sua história".
61. BLOCH, *Apologia della storia*, 70.
62. Ibid.

cedentes misteriosamente introduziram em seu cérebro, pela tradição, pelo senso comum, isto é, muito frequente, pelos preconceitos comuns. Nunca se é tão receptivo do que quando se pretende não ser. Não se pode dar um conselho pior a um principiante do que o de esperar, em uma postura de aparente submissão, a inspiração dada pelo documento. De tal modo, mais de uma pesquisa voluntariosa foi condenada ao fracasso ou a ser insignificante[63].

A pesquisa, portanto, necessita de ideias preconcebidas, de perguntas, de problemas. "Naturalmente, a escolha dos quesitos é extremamente dúctil, suscetível de arriscar-se, ao percorrer seu caminho, a ter uma multidão de novos critérios, aberta a todas as surpresas e, ao mesmo tempo, que operam, desde o início, como ímãs para atrair o documento. O explorador sabe muito bem, previamente, que não seguirá todos os passos do itinerário prefixado. Mas, não tendo um itinerário, correria o risco de errar eternamente ao acaso."[64] O fetiche pelos fatos e pelos documentos – afirma Edward Carr – é uma herança do século XIX[65]; e a concepção do método histórico como "processo de tipo indutivo" (antes se coletam os fatos, depois são interpretados) é simplesmente um erro[66]. A realidade é que,

hoje, tanto os cientistas quanto os historiadores nutrem a esperança, bem mais modesta, de passar progressivamente de uma hipótese circunscrita a uma outra, isolando os fatos por meio das interpretações e ensaiando interpretações por meio dos fatos; parece-me que, ao fazer isso, seguem métodos que não apresentam diferenças substanciais[67].

---

63. Ibid. Uma pesquisa histórica pressupõe, portanto, problemas, questões, isto é, um *questionário*: "o questionário existe". E o que vale na pesquisa histórica deveria valer para a *didática da história*.
64. Ibid. Cf., também, aquilo que afirma a respeito MARROU, H. I., *La conoscenza storica*, trad. it., Bologna, Il Mulino, 1952, 190.
65. CARR, E. H., *Sei lezioni sulla storia*, Torino, Einaudi, 1965, 20.
66. Ibid., 63. Veja-se também todo o capítulo I do livro de Carr.
67. Ibid., 67-68.

Os historiadores, sublinha L. Febvre, viveram durante muito tempo o respeito pueril e devoto ao fato[68]. Eles "tinham a ingênua e comovente convicção de que o cientista é um homem que, apenas olhando no microscópio, pode apreender toda uma gama de fatos. Fatos que lhe foram dados, fatos fabricados por uma Providência complacente, fatos que deve apenas registrar"[69]. Mas, se um desses historiadores indutivistas tivesse entrado em um laboratório, por exemplo, de fisiologia, "em cinco minutos teria podido medir, no ato do cientista de apoderar-se daquilo que antes preparou longa e dificilmente com base em uma ideia 'preconcebida', toda a parte pessoal desempenhada pelo homem, pelo pesquisador, que age apenas porque lhe foi posto um problema, porque formulou uma hipótese"[70].

11. Gaetano Salvemini: o historiador trabalha com o mesmo método que o físico

Nos últimos cento e cinquenta anos, houve sucessivas ondas de críticas em relação a uma *teoria unificada do método*: historiadores e filósofos da história de tendências díspares (historicistas, idealistas, marxistas, neomarxistas...) sustentaram com diversos argumentos que a historiografia não pode ser ciência tal como a ciência física. O método de pesquisa do físico não funcionaria no âmbito da pesquisa histórica.

As réplicas contra tais concepções "separatistas" são conhecidas. Menos conhecidas, ao contrário, são as reflexões que Gaetano Salvemini desenvolveu sobre o tema:

De fato – escreve Salvemini em *História e ciência* –, não há diferença substancial entre os problemas que o cientista encontra para recons-

---

68. Febvre, *Problemi di metodo storico*, 142.
69. Ibid., 143.
70. Ibid. Cf. também as p. 164, 165, 173 e seguintes.

truir o passado astronômico, geológico ou biológico e os problemas que o historiador enfrenta ao reconstruir o passado dos homens. Em ambos os casos, o especialista reconstrói o passado com a ajuda de testemunhas[71].

Aquilo que varia não é o método, que é único, mas as técnicas de comprovação:

> A técnica usada por vários pesquisadores – explica Salvemini – pode ser diferente, na medida em que devem recorrer a expedientes diferentes, adaptados às diversas fontes de informação das quais dispõem, mas o método de obter informações das fontes permanece o mesmo, pois o espírito humano em todas as circunstâncias trabalha seguindo as mesmas leis do pensamento[72].

E é um engano crer que o cientista, e, portanto, também o historiador, não faça uso da fantasia:

> A verdade é que o cientista tem precisamente necessidade de fantasia em sua obra (...). Todas as grandes descobertas científicas tiveram origem em alguma difícil hipótese que compreendia um vasto domínio de fatos anteriormente desconexos. Essa hipótese foi fruto de uma poderosa fantasia. Desse ponto de vista, pode-se dizer que um cientista é um grande poeta[73].

É certo que a fantasia do poeta não deve suportar os trabalhos e rigores das provas empíricas; de outro lado, "a ciência é uma obra da fantasia na qual todos os fatos provados devem encontrar seu lugar.

---

71. SALVEMINI, G., *Storia e scienza*, Firenza, La Nuova Italia, 1948, reed. em *Opere scelte*, v. VIII; AGOSTI, G.; GALANTE GARRONE, A. (org.). *Scritti vari (1900-1957)*, Milão, Feltrinelli, 1978, 136.
72. Ibid., 136-137.
73. Ibid., 152-153.

Em arte, a realidade é serva da fantasia. Em ciência, a fantasia é serva da realidade"[74]. E quem quer que se dê conta dessa diferença entre a imaginação artística e a científica "não corre o risco de exaltar a intuição, a inspiração, o lampejo de genialidade, a erupção vulcânica ou mesmo se quisermos qualificar as atividades subconscientes do espírito como uma fonte de conhecimento superior às atividades racionais"[75]. A criatividade é, portanto, necessária ao pesquisador[76]. "Eu, de minha parte – confessa Salvemini –, declaro que minha mente é povoada de prevenções – religiosas, filosóficas, científicas, sociais – e que constantemente faço uso de minhas prevenções em meus estudos. Não me envergonho desse fato, porque as prevenções não são inconciliáveis com a pesquisa científica."[77] E não são porque, uma vez que as hipóteses foram propostas, devem ser provadas:

(...) após o lampejo de genialidade deve vir o procedimento racional normal (...). Um estudioso que anuncia ter tido um lampejo e ali se detém pedindo que os outros cientistas aceitem sua intuição sem dis-

---

74. SALVEMINI, *Storia e scienza*, 153.
75. Ibid., 154. A essas observações do historiador Salvemini, fazem eco as do lógico polonês J. Lukasiewicz: "Quem, como Copérnico, moveu a Terra de seu lugar e a fez girar em torno do Sol, ou quem, como Darwin, colheu na névoa do passado as transformações das espécies, pode rivalizar com os maiores poetas" (LUKASIEWICZ, J., Creative Elements in Science, in: BORKOWSKY, L. (org.), *Selected Works*, 1970, 14).
76. Ibid. Escreve Salvemini na mesma página: "O cientista deve recorrer continuamente a hipóteses para descobrir os fatos e explicar suas correlações. Suas hipóteses nem sempre são construídas como explicações de fatos já conhecidos: eles também podem ser anteriores a qualquer pesquisa. Podem ter sido sugeridos por preconceitos ou prevenções irracionais. Pasteur chega a dizer que os preconceitos são um dos maiores auxílios do experimentador. Eles servem como fio condutor. Certo número deles é descartado à medida que a pesquisa progride; um belo dia, o cientista pode provar que um deles abraça todos os fatos que requerem uma explicação (...). Duclaux, o mais eminente discípulo de Pasteur, em seu livro *Pasteur: histoire d'un esprit* (Paris, Masson, 1896), demonstrou que algumas das maiores descobertas do mestre se originaram de suposições errôneas".
77. Ibid., 157.

cussão pode ser um gênio, mas pode também ser um charlatão e um excêntrico. É somente mediante o procedimento normal de um raciocínio lógico que ele pode demonstrar que sua intuição merece ser aceita (...). Meios irracionais podem conduzir à descoberta da verdade, mas somente com métodos racionais a verdade pode ser provada[78].

E o método racional consiste em deduzir as consequências da hipótese formulada pelo historiador e confrontá-la com os fatos: e "um fato, um único, que não possa ser enquadrado destrói sua hipótese"[79]. A ideia de falsificação de uma teoria não poderia ser exposta de maneira mais concisa e eficaz.

A realidade é que - escreve Salvemini -, "na medida em que ninguém é infalível ao abordar problemas sociais, o único modo de abordá-los consiste em buscar as várias soluções uma após outra. Experimentando e se enganando - procurando 'de 'a' a 'z'", como se costuma dizer -, encontra-se uma saída"[80]. "Nenhuma pessoa e nenhum grupo de pessoas possui um monopólio de infalibilidade."[81] Portanto, nenhum cientista e nenhum historiador podem se sentir o dono da verdade, ou crer que sua teoria seja definitiva ou correta. É por isso que a contínua proposta de alternativas e a crítica incessante são os dois pilares sobre os quais se apoia toda a pesquisa científica:

> Quando um historiador ou um sociólogo é levado por sua prevenção a reagrupar os fatos em um sistema no qual eles resultam refratários, ele é semelhante a um cientista que funda sua unificação sobre uma hipótese arbitrária. A prevenção inicial serve como uma moldura, um tanto arbitrária, na qual os fatos podem ou não ser acomodados. Os dados mais recentes, na medida em que vêm à luz, alinham-se de um lado ou de outro pela prevenção. Ocorre uma batalha entre dois exércitos de provas; o pesquisador segue os even-

---
78. Ibid., 154.
79. Ibid., 153.
80. Ibid., 179.
81. Ibid.

tos da batalha, procurando novos dados para reforçar suas ideias preconcebidas. Todavia, pode ocorrer que ele descubra somente fatos cujo peso fazem seu preconceito ser esmagado. No entanto, ele construiu uma nova hipótese mais adaptada aos fatos, mas sem a suposição inicial os fatos continuariam a ser um emaranhado privado de sentido e qualquer fato acrescentado serviria apenas para aumentar a confusão. Na história e nas ciências sociais, bem como em qualquer outra pesquisa científica, as ideias preconcebidas, bem como as hipóteses desprovidas de paixão, exercem uma tarefa vital[82].

E a luta entre os fatos e teorias, e das teorias entre si, luta que geralmente agita a mente do pesquisador, é o que ocorre e deve ocorrer na mais ampla comunidade científica, que tem de ser "um estádio de livre competição entre prevenções opostas"[83]. Com efeito,

se for teimoso, o historiador ou o sociólogo descuidará dos fatos que não estão em acordo com seu sistema e continuará a ser fiel à sua prevenção. Mas, então, um outro historiador ou um outro sociólogo, animado por uma prevenção diferente, põe em evidência os fatos que seu predecessor ignorou e forma um outro quadro, que talvez possa ser não menos deformado, mas que ao menos revele a possibilidade de uma outra direção. Em seguida, um terceiro pesquisador aborda a questão livre de prevenções. Ele verifica a obra de seus predecessores, corrige as deformações, preenche as lacunas e une todos os fragmentos em um sistema abrangente e coerente. Assim são levantados um a um os véus da face da verdade, de modo que a história e as ciências sociais obtêm uma maior parcela de objetividade[84].

Objetividade que não quer dizer nada além de possibilidade de verificação das hipóteses propostas. E, com efeito, "essa obje-

---
82. Ibid., 158.
83. Ibid., 169.
84. Ibid.

tividade resulta não da ausência de prevenções, mas do contraste entre preconceitos em conflito, contraste que no fundo é cooperação"[85]. De tal modo, mediante tentativa e erro, conjecturas e refutações, propostas e críticas, a pesquisa científica se configura como "uma série de sucessivas aproximações em direção à verdade, comparável à exploração de uma terra desconhecida. Cada explorador verifica e acrescenta as descobertas de seus predecessores e facilita a seus sucessores o alcance da finalidade que todos têm em comum"[86]. Disso se pode ver que a ciência tem necessidade de "uma atmosfera de livre competição entre as diversas escolas de pensamento, nas quais todas as hipóteses e todos os preconceitos podem ser postos em atrito uns com os outros. Se a liberdade é suprimida em favor de uma única escola, isso significa a sentença de morte de nossos estudos"[87]. E, se o historiador e o sociólogo não buscam a livre competição não apenas para si mas também para seus rivais, então "o historiador e o sociólogo, mais que qualquer estudioso, aceitam a degradação tanto moral quanto intelectual"[88].

12. Marc Bloch e Lucien Febvre: o historiador procede por conjecturas e refutações

Em qualquer ciência, a pesquisa parte de problemas para depois passar a conjecturas, a serem verificadas pelos "fatos". E o que vale para a física ou a biologia também vale para a história. Lucien Febvre escreve que "apresentar um problema significa exatamente começar e terminar qualquer história. Sem problemas não há história. Só narração, compilação"[89].

---

85. Ibid.
86. Ibid., 169-170.
87. Ibid., 170.
88. Ibid.
89. Ibid., 143. Por sua vez, H. I. Marrou (em *La conoscenza storica*, 122) escreveu que "o historiador começa com formular uma questão".

Um estudo feito cientificamente implica duas operações,

> as mesmas que se encontram na base de qualquer trabalho científico moderno: apresentar problemas e formular hipóteses. Duas operações – diz Febvre – que aos homens de minha idade eram já denunciadas como as mais perigosas de todas. Porque apresentar problemas ou formular hipóteses significava nada menos que traição. Introduzir na cidadela da objetividade o cavalo de Troia do subjetivismo[90].

Sem problemas e sem hipóteses não há pesquisa, não há pesquisa histórica. "A invenção deve estar presente em toda parte, se se pretende que nada do trabalho humano seja perdido. E, se não há problema, isso significa que não há nada."[91] A venerável máxima *hypotheses non fingo* ["não invento hipóteses"] é um feitiço[92]. Assim como é um feitiço crer poder começar um trabalho de pesquisa a partir de uma observação pura e simples mais do que a partir de um problema. Na verdade, prossegue Febvre,

> se o historiador não se apresenta problemas, ou se, tendo-os apresentado, não formula hipóteses para resolvê-los, tenho razão em dizer, no final das contas, que, em termos de trabalho, de técnica, de esforço científico, é mais atrasado talvez que o último de nossos camponeses, pois eles sabem muito bem que não devem deixar seus animais pastarem no primeiro campo que encontram, porque assim pastariam sabe-se lá como e do quê; mas os amarram a um mastro e os fazem comer de um prado mais do que em outro. E sabem o porquê[93].

Não observemos por acaso, não observemos tudo. Observemos apenas aquilo que nos interessa, aquilo que é relevante para aquelas hipóteses, mais ou menos explícitas, formuladas para ten-

---

90. FEBVRE, *Problemi di metodo storico*, 143.
91. Ibid., 74.
92. Ibid.
93. Ibid., 144.

tar resolver nossos problemas. Essa é a raiz do princípio segundo o qual "a história é escolha. Não arbitrária, mas preconcebida"[94]. O historiador escolhe seus fatos, e para tanto servem "hipóteses, programas de pesquisa, teorias"[95]. De fato, "sem uma teria preestabelecida, sem uma teoria preconcebida, não há a possibilidade de um trabalho científico. A teoria – construção do espírito que corresponde à nossa necessidade de compreender – é a experiência mesma da ciência"[96]. Quando não se sabe o que está sendo buscado, não se sabe o que é encontrado[97].

O historiador, afirma Bloch, raciocina como o biólogo, como o físico. E

> pouco importa que o objeto original seja por natureza inacessível à sensação, como o átomo cuja trajetória é visível no tubo de Crookies; ou que tenha se tornado como tal somente agora, por efeito do tempo, como uma planta morta há milênios cuja impressão permanece no bloco de carbono fóssil, ou como as solenidades que há muito tempo caíram em desuso que podem ser vistas retratadas nas paredes dos templos egípcios. Em ambos os casos, o processo de reconstrução é o mesmo e todas as ciências oferecem deles muitos exemplos[98].

---

94. Ibid., 166.
95. Ibid.
96. Ibid.
97. Ibid., 179.
98. BLOCH, *Apologia della storia o mestiere di storico*, 63. É interessante, a esse respeito, notar como alguns dos mais agudos metodólogos da historiografia, também eles historiadores – por exemplo, E. H. Carr ou L. Febvre – estavam muito conscientes das controvérsias epistemológicas relativas às ciências naturais. Nesse sentido, para que essa afirmação não fique em suspenso, consulte-se CARR, *Sei lezioni sulla storia*, 64 e 77 (em que o autor se remete a Poincaré) e FEBVRE, *Problemi di metodo storico*, 147 e 179 (em que Febvre fala de Claude Bernard), 81 (em que acena para Poincaré), 82 (em que fala ainda de C. Bernard); SALVEMINI, *Storia e scienza*, 160 (em que o autor cita o volume de COHEN, M. R.; NAGEL, E., *Introduction to Logic and Scientific Method*, New York, 1934).

Não há observação passiva[99]. É o historiador quem faz perguntas ao passado[100], quem seleciona os fatos[101]. Seleciona-os baseado em seus preconceitos e em suas teorias. O historiador, em suma, trabalha como o físico. O método de ambos consiste, fundamentalmente, em formular perguntas e em tentar dar-lhes respostas[102]. E, como a física, também a "historiografia é uma ciência em desenvolvimento no sentido em que busca continuamente obter um conhecimento mais amplo e mais profundo do curso dos eventos, que, por sua vez, está em desenvolvimento"[103]. "O verdadeiro progresso", escreve Marc Bloch, "realiza-se quando a dúvida se torna o 'examinador'"[104]. Em suma, as hipóteses, mediante as quais o historiador busca responder a seus problemas, devem ser verificadas.

Escrevia Pasquale Villari já em 1894 – em um ensaio intitulado de modo significativo *A história é uma ciência?* – que, "ao reencontrar o espírito dos fatos, para em seguida expô-los com verdade, ocorre quase sempre uma criação poética; isso se descobre e se reproduz somente com a fantasia, que no historiador deve ser dirigida, controlada, corrigida pela experiência, pela realidade"[105]. As hipóteses, portanto, devem ser verificadas. Mas, para serem verificadas de fato, devem ser verificáveis de direito. "Não se tem direito de fazer uma afirmação", escreve ainda Bloch, "se não há condição de que ela possa ser verificada"[106]. E o valor de um conhecimento pode ser medido "por sua capacidade de ser submetida desde o início à refutação"[107]. Somente trabalhando com hipóteses verificáveis e buscando refutá-las, as forças da razão poderão conquistar

---

99. BLOCH, *Apologia della storia o mestiere di storico*, 70.
100. Ibid. Cf. também a 74.
101. Ibid., 128.
102. Ibid., 93.
103. Ibid., 133.
104. Ibid., 82.
105. VILLARI, P., *La storia è una scienza?* Bolonha, Zanichelli, 1894, 5.
106. BLOCH, *Apologia della storia*, 87.
107. Ibid.

vitórias[108]. Como o juiz, também o historiador deve ser imparcial, deve buscar a submissão honesta à verdade. É com tal finalidade que o pesquisador sério "registra, ou melhor, provoca a experiência que talvez contrarie suas mais caras teorias"[109]. *Em outras palavras, a historiografia é ciência porque trabalha com teorias falsificáveis, com teorias verificáveis, isto é, com teorias contrariáveis pela experiência, pelos fatos, pelos documentos avaliados.* É assim que compreendemos como a disputa sobre diversas hipóteses, sobre diferentes interpretações de um documento, não é a pobreza de uma corporação que não possui *a* verdade, mas é a alma da cientificidade de seu trabalho. É desse modo que compreendemos como a multiplicidade de conjecturas, propostas como tentativas de soluções de problemas, não é pobreza, mas riqueza: riqueza de "mutações" intelectuais, entre as quais – se houver – a crítica poderá escolher aquela que, no momento, lhe parecer a melhor. Na verdade, afirma Febvre, "na origem de qualquer aquisição intelectual há o inconformismo. Os progressos da ciência são frutos da discórdia. Como ocorrem com heresias, que nutrem, substanciam, as religiões: *oportet haereses esse* ['é oportuno que haja heresias']"[110].

"Como posso saber aquilo que estou prestes a dizer?": é esta a pergunta que deve se fazer quem propõe conjecturas históricas. E o trabalho de pesquisa, com suas confirmações, mas também com seus desmentidos, é um trabalho certamente tortuoso, mas também fascinante. "O espetáculo da pesquisa, com seus sucessos e seus percursos, raramente cansa. O bonito e acabado, ao contrário, provoca frieza e tédio."[111] O passado é, por definição, um dado não modificável. "Mas o conhecimento do passado é algo a caminho, que se transforma e se aperfeiçoa de modo incessante."[112] E esse co-

---

108. Ibid.
109. Ibid., 123. Fica bem claro por esses trechos que, para Marc Bloch, a cientificidade da historiografia consiste na falseabilidade de suas asserções.
110. FEBVRE, *Problemi di metodo storico*.
111. BLOCH, *Apologia della storia*.
112. Ibid., 65.

nhecimento a caminho, em devir, sobe seus degraus um após outro, "com a magnífica certeza de jamais poder chegar ao cume, sobre o qual possa se ver a aurora nascer do crepúsculo"[113]. *A verdade não é uma posse, mas um processo; é construída de modo contínuo.*

Podemos dizer que a autoconsciência crítica da ciência nasce, mais ou menos, com o surgimento da ciência moderna. Foi nesse período, com efeito, que foram progressivamente elaboradas as regras destinadas para distinguir entre asserções correspondentes aos fatos e a mentira. O jesuíta Paperbroch, para quem, diz Bloch, a leitura da vida dos santos havia suscitado "uma incoercível desconfiança"[114] em relação à herança de toda a Alta Idade Média, considerará falsos todos os diplomas merovíngios conservados nos mosteiros. Diante dessa decisão – aparentemente objetiva, mas, na verdade, mecânica – Mabillon mostrou que, se é verdade que há diplomas inteiramente falsos, é igualmente verdadeiro que existem também os que são autênticos. E temos, em linha geral, meios para distinguir os bons dos maus. "Naquele ano – de 1681, ano da publicação do *De re diplomatica*, uma grande data na história do espírito humano – foi definitivamente fundada a crítica dos documentos de arquivo."[115] O nascimento da crítica histórica é contemporâneo da *dúvida metódica* de Descartes e da *ciência* de Galileu[116].

---

113. FEBVRE, *Problemi di metodo storico*.
114. BLOCH, *Apologia della storia*.
115. Ibid., 82 e 83.
116. Federico Chabod escreveu a esse respeito: "Para o início do trabalho 'sistemático' é preciso esperar o final do século XVII e o início do século XVIII, quando, por obra primeiramente da escola erudita francesa, encarnada sobretudo pelos beneditinos da Congregação de São Mauro e, depois, por outros estudiosos, entre os quais emerge nosso Antonio Muratori (1672-1750), inicia-se a abordagem 'moderna' do trabalho histórico. A dúvida começa a se tornar 'metódica'; estamos, lembre-se bem, após Galileu, após Descartes, na era de Newton (...). Metódico e sistemático começa a se tornar o estudo das fontes, para as quais adquirem um valor totalmente novo as chamadas ciências auxiliares da história, tais como a paleografia, a diplomática, a cronologia, a numismática, a epigrafia etc. (que se pense no *De re diplomatica* do maurino Giovanni Mabillon, o fundador da diplomática moderna)" (CHABOD, F., *Lezioni di metodo storico*, Bari, Laterza, 1969, 49).

GIUSEPPE FRANCO

POSFÁCIO

Para a história da convergência entre a epistemologia de Popper e a hermenêutica de Gadamer

Uma tendência particular que atravessa a reflexão filosófica do século XX é a de uma recíproca aproximação entre a epistemologia e a hermenêutica (Ferraris, 1986; 1987; 1989), e a relação entre o racionalismo crítico de Karl Popper e a hermenêutica filosófica de Hans-Georg Gadamer pode ser considerada uma das modulações mais significativas desse movimento.

Em tal contexto insere-se a tese particular sustentada por Dario Antiseri, elaborada já a partir do início dos anos 1970[1], na qual são examinadas as convergências das concepções de Popper com a teoria hermenêutica de Gadamer, sublinhando desde o início o estatuto metodológico de Gadamer contra sua recepção italiana voltada a outros aspectos, ainda que igualmente importante.

Trata-se de uma convergência inesperada por diversos motivos. Ao pensar na crítica de Hans Albert dirigida à concepção de Gadamer, nas incompreensões às quais, nos anos 1960 e 1970, foram sub-

---

1. Sua primeira comparação e aproximação entre Popper e Gadamer encontra-se em ANTISERI, D., A proposito dei nuovi aspetti della filosofia della storia e della filosofia. Epistemologia, ermeneutica e storiografia filosofica analitica. *Archivio di filosofia*, 43, 1 (1974), 249-282.

metidas as posições do racionalismo crítico por parte dos filósofos "hermeneutas"; e, ao considerar, além do reconhecimento de algumas afinidades, as diversas incompreensões por parte de Gadamer acerca do racionalismo crítico de Popper e Albert, tal convergência parece sem fundamento. É inesperada ao se partir de uma imagem recorrente que vê uma contraposição metodológica entre as ciências da natureza e as ciências do espírito, uma imagem que se baseia em uma compreensão errônea do método das ciências naturais. Uma convergência não programada ao considerar algumas reconstruções críticas e não adequadas das posições de Popper como epistemólogo e de Gadamer como hermeneuta. Há, com efeito, uma incompreensão das respectivas concepções por parte de alguns críticos que veem em Gadamer a exclusão da instância metódica e crítica da reflexão hermenêutica e, em Popper, uma falta de atenção para a dimensão histórica e social do conhecimento, para aqueles que se pode definir como os "componentes hermenêuticos" da reflexão científica.

É inesperada, além disso, ao pensar que Albert (Franco, 2012b), um dos críticos mais consideráveis de Gadamer, que afastou as tentativas de tal acordo das duas posições definindo-as falaciosas e não aceitáveis, mostrou na realidade, em algumas tomadas de posição, o reconhecimento de alguns aspectos em comum. Essa convergência é inesperada também por um outro motivo: nos últimos anos, está crescendo de modo notável na consciência filosófica de diversos autores uma maior atenção para a aproximação entre as posições de Popper e de Gadamer. Tais intervenções são na maioria dos casos independentes entre si e formuladas em contextos disciplinares e temáticos diferentes. O que conta é a análise e a discussão crítica dessas contribuições, nas quais se fala em geral de afinidades, analogias, identidades ou complementaridade entre as duas posições. É inesperada, por fim, a aproximação de Gadamer das posições de Popper e Albert no testemunho de uma troca epistolar, que atesta, sobretudo por parte de Gadamer, o reconhecimento de algumas afinidades com o racionalismo crítico e a discussão de algumas formulações de sua concepção hermenêutica.

Nessa contribuição será considerada a "história da recepção" da tese da convergência entre Popper e Gadamer e da recíproca aproximação entre reflexão hermenêutica e reflexão epistemológica – à luz da hipótese elaborada por Dario Antiseri –, embora com a consciência das diferenças existentes na declinação de seu pensamento. Serão apresentadas e discutidas as argumentações de diversos estudiosos do panorama científico internacional. Trata-se de intervenções que reconheceram, compartilharam ou criticaram – direta ou indiretamente – a tese da convergência entre Popper e Gadamer, contribuindo, assim, para alimentar o debate ainda aberto[2].

Essas posições foram organizadas tendo em vista dois polos constitutivos dessa convergência, vale dizer, a releitura hermenêutica das ciências naturais e o necessário componente epistemológico da hermenêutica. Essa subdivisão não quis ser uma separação rígida. Com efeito, na análise dessas contribuições ambos os trilhos da reflexão se entrecruzam continuamente. Ao longo desse itinerário pretende-se evidenciar onde, como e por que a epistemologia falibilista de Popper e a teoria hermenêutica de Gadamer se encontram. Seus respectivos *Denkwege*, embora diferentes, resultam idênticos em pontos específicos. Naturalmente, não se pode esconder as bem evidentes e diferentes declinações em suas reflexões filosóficas: as divergências, sobretudo, na interpretação de Platão ou dos pré-socráticos, de Hegel e Kant; seu modo de abordar a reflexão ética; a perspectiva e a tradição na qual elaboram a teoria da linguagem; o modo de considerar questões metafísicas e religiosas; a abordagem agnóstica em Popper e a particular dimensão religiosa no pensamento de Gadamer.

A seguinte contribuição não tem a pretensão de nivelar ou reduzir a hermenêutica de Gadamer à epistemologia de Popper ou vice-versa, ocultando a riqueza de suas reflexões. Trata-se, antes, de

---

2. Para uma análise e uma mais completa reconstrução dessas discussões, cf. FRANCO, G. (org.), *Der Kritische Rationalismus als Denkmethode und Lebenweise. Hans Albert zum 90. Geburtstag*, Klagenfurt-Wien, Kitab Verlag, 2012b.

fazer uma releitura, considerando o estatuto metodológico da hermenêutica gadameriana e a dimensão histórico-hermenêutica da epistemologia popperiana.

1. A "preleção programática" de Dario Antiseri em Pádua, em 1976

Em 1976, Antiseri profere em Pádua sua preleção inaugural, na qual sustenta que o círculo hermenêutico gadameriano prescreve e descreve o mesmo procedimento descrito e prescrito pelo método popperiano por "problemas-teorias-críticas". À ideia de Gadamer acerca dos preconceitos como constitutivos de nosso ser, Antiseri faz corresponder a concepção de Popper que sublinha que o homem vive no centro de um "horizonte de expectativas". De um lado, Gadamer fala de um "impacto" entre nossos preconceitos e o texto, o qual desencadeia o processo interpretativo. Do mesmo modo, para Popper a pesquisa começa de problemas considerados como uma contradição entre uma teoria e uma observação ou entre duas teorias, que constituem o movente da pesquisa e o estímulo da fantasia criadora do pesquisador.

Para Antiseri, a ideia de Gadamer, de que na prática hermenêutica a falsificação de uma interpretação conduz à investigação de uma interpretação mais adequada, encontra na posição de Popper a concepção de que qualquer conjectura é por princípio falsificável e que é preciso investigar teorias alternativas cada vez melhores, as quais forneçam uma explicação mais profunda da realidade. Por isso, tanto para Popper quanto para Gadamer "a falsificação é fundamental para o progresso do saber"[3]. Antiseri teve o

---

3. ANTISERI, D., *Teoria unificata del metodo*, Utet, Torino, 1981/2011, 127-185, 130. Em outros escritos, Antiseri retornou à questão enfatizando outros aspectos da convergência entre Popper e Gadamer e respondendo a algumas críticas formuladas contra sua tese. Cf. ANTISERI, D., *Le ragioni del pensiero debole. Domande*

mérito de fazer emergir o componente metodológico da hermenêutica de Gadamer, que no debate historiográfico, em geral, e em sua recepção italiana e alemã, em particular, não teve uma atenção adequada, não obstante os limites de certas concepções e formulações do próprio Gadamer.

A aproximação entre Popper e Gadamer insere-se no interior de um trabalho de fôlego maior, no qual Antiseri defende a unidade do método científico de ciências naturais e ciências humanas. À luz da epistemologia popperiana, ele mostrou que os procedimentos lógicos e as decisões metodológicas, que caracterizam a identificação de problemas, a verificação das hipóteses e o progresso das ciências físico-naturais são os mesmos procedimentos lógicos e as mesmas decisões metodológicas que regulam a pesquisa do diagnóstico clínico, o trabalho do hermeneuta, a atividade do crítico textual e do tradutor, bem como a pesquisa nas ciências histórico-sociais. Sua contribuição consiste em mostrar a cientificidade e o caráter metódico das ciências humanas e em superar o tradicional antinaturalismo e o separatismo metodológico entre ciências da natureza e ciências do espírito.

A tese de Antiseri sobre a identidade do método por conjecturas e refutações e do círculo hermenêutico recebeu ao longo das últimas décadas uma confirmação crescente, juntamente com objeções e algumas incompreensões. Ele mesmo recorda o clima de hostilidade com que tal abordagem foi acolhida na ocasião de sua preleção de 1976, em Pádua[4]. No ano 2000, ao preparar a nova edi-

---

a Gianni Vattimo, Roma, Borla, 1993, 54-63; *Trattato di metodologia delle scienze sociali*, Torino, UTET, 1996, 354-379; ALBERT, H.; ANTISERI, D., *Epistemologia, ermeneutica e scienze sociali*, Roma, Luiss Edizioni, 2002, 51-109; ALBERT, H.; ANTISERI, D. *L'ermeneutica è una scienza? Interviste a cura di G. Franco*, Soveria Mannelli, Rubbettino, 2006; ANTISERI, *Teoria unificata del metodo*.

4. Afirma Antiseri em uma entrevista: "Em Pádua, em 1976, proferia a conferência sobre a identidade entre o método popperiano do *trial and error* e o círculo hermenêutico de Gadamer: ideia essa que - se bem me recordo - não foi aceita no momento, que foi asperamente recusada por outros filósofos italianos e que Hans

ção de *Teoria unificada do método*, Antiseri recorda que houve quem acolhesse sua tese com benevolência e que, "não compreendendo a diferença entre método e metódicas (isto é, técnicas de comprovação), atacou-me com uma animosidade que então me pareceu verdadeiramente injustificada, e hoje ainda a considero assim" (Antiseri, 1981/2001, VII). Antiseri é consciente das diferenças que subsistem entre Popper e Gadamer, e sublinhou os limites de certa concepção de ciência envelhecida e superada, que está presente em *Verdade e método* de Gadamer (Antiseri, 2002, 66-94).

Alguns estudiosos expressaram sua discordância quanto à tese de Antiseri. Marcello Pera, por exemplo, afirma que "permanece o embaraço na assimilação sob o mesmo método científico de disciplinas como a hermenêutica, a historiografia e a crítica textual" (Pera, 1996, 51-52), sem, todavia, dedicar-se a argumentar e aprofundar essa sua tese. Lorenzo Fossati, de outro lado, compartilha a crítica de Albert à hermenêutica de Gadamer e, embora identificando um ponto em comum entre a hermenêutica e o racionalismo crítico na negação do "conhecimento puro", afirma:

> O que é incontestável é que há tangências, mas também, e é o que sobretudo conta, pontos de insuperável divergência – que talvez tenham sido explicitados com maior *vis polemica* por Albert, mas que estão seguramente já presentes no mestre. Na Itália, no sentido de uma semelhante "simpatia fundamental" entre racionalismo crítico e hermenêutica, expressou-se muitas vezes D. Antiseri (...) (Fossati, 2003, 103).

Albert e William Bartley não julgaram adequada, mas da qual, hoje, vários estão seriamente convictos. Tive a sorte de falar duas vezes também com o próprio Gadamer. Ele replicava com longas argumentações histórico-teóricas em que exprimia suas perplexidades; o colega Valerio Verra, que participou do primeiro dos dois colóquios, mostrou-se, por outro lado, decididamente contrário" (FRANCO, G., Il razionalismo critico come apertura alla fede. In dialogo con Dario Antiseri su fede, scienza e l'ermeneutica di Gadamer, in: ALBERT, H.; ANTISERI, D., *L'ermeneutica è una scienza? Interviste a cura di G. Franco*, Soveria Mannelli, Rubbettino, 2006, 65).

No âmbito italiano, entre as primeiras expressões de um acordo substancial com Antiseri, podem ser recordadas as posições de Massimo Badini[5], Sergio Agostinis[6] e Francesco Bellino[7]. A esses se soma também Giuliano Sansonetti, que sustenta que, apesar das diversidades nas posições de Gadamer e de Popper, é preciso evitar as "con-

---

5. Baldini afirma que entre o método do *trial and error* de Popper e o círculo hermenêutico de Gadamer há estreitas analogias e que entre as reflexões dos dois filósofos acerca do papel dos preconceitos há "uma concordância substancial". Entre os méritos de Gadamer, Baldini recorda o de ter removido numerosos "obstáculos e encruzilhadas", resíduos de interpretações inadequadas do compreender. Ao mesmo tempo também Popper "liberou a epistemologia tradicional dos resíduos positivistas" e "colocou o epistemólogo em condições de dar conta da lógica que guia a descoberta científica. De fato, as conclusões às quais chegaram são substancialmente as mesmas" (BALDINI, M., Epistemologia, ermeneutica e storiografia, *Storiografia ed ermeneutica (Atti del XIX convegno di assistenti universitari di filosofia. Padova, 1974)*, Padova, Gregoriana, 1975, 326).

6. Agostinis, ao apresentar e comentar a tradução italiana do *Traktat über kritische Vernunft* de Albert, embora compartilhando alguns motivos da crítica à hermenêutica feita por Albert, nota afinidades e correspondências entre as duas estruturas do conhecimento de Gadamer e de Popper. Ele identifica na ideia de Gadamer o *urto* entre o texto e o leitor, que dá origem ao ato hermenêutico, uma correspondência com as concepções de Popper das "expectativas frustradas", que dão origem a um determinado problema. O momento da pré-compreensão em Gadamer é tomado como correspondente à concepção de Popper da hipótese tomada como "pré-compreensão imaginativa". A pré-compreensão, tomada em sentido "doutrinal ou cultural", corresponde àquela "bagagem cultural" de um estudioso; ela assume uma função heurística e "permite e legitima uma primeira seleção entre as várias hipóteses possíveis" (AGOSTINIS, S., Ermeneutica e razionalismo critico in Hans Albert, *Storiografia ed ermeneutica, Atti del XIX Convegno di assitenti universitari di filosofia, Padova 1974*, Padova, Editrice Gregoriana, 1975, 87).

7. Cf. BELLINO, F. *Ragione e morale in Karl R. Popper. Nichilismo, relativismo e fallibilismo etico*, Bari, Levante, 1982, 3; *La praticità della ragione ermeneutica. Ragione e morale in Gadamer*, Bari, Levante 1984, 59-62 e 122. Além de reconhecer a contribuição de Popper à analogia entre a compreensão hermenêutica das disciplinas humanísticas e a compreensão da natureza, Bellino afirma que "algumas afirmações de Gadamer parecem opor-se ao ideal de uma ciência unitária e a uma teoria unificada do método". Mas acrescenta que, se forem considerados alguns desenvolvimentos da epistemologia contemporânea, que o próprio Gadamer reconheceu, então: "(...) pode-se identificar a emergência da dimensão hermenêutica na ciência contemporânea" (BELLINO, *Ragione e morale in Karl R. Popper*, 59-60).

traposições fáceis e esquemáticas", e considera que algumas concepções de Popper podem ser "interpretadas em sentido hermenêutico":

> De resto, há em Popper uma forte consciência do fato de que o discurso científico não basta a si mesmo, como se vê, por exemplo, por essa afirmação dirigida contra Carnap: "O fato é que todas as teorias físicas afirmam mais do que podem verificar". É no espaço aberto por esse "mais" que Gadamer se insere (...)[8].

2. Abordagem hermenêutica do método das ciências naturais

2.1. A unidade do método científico segundo os hermeneutas

Diversos estudiosos alemães expressaram seu consenso acerca da ideia de que a pesquisa científica é única. Próximos da tradição hermenêutica e do pensamento de Gadamer, defendem a superação da dicotomia metodológica entre ciências da natureza e ciências do espírito e compartilham algumas ideias centrais da epistemologia popperiana. Por ocasião do aniversário de setenta anos de Gadamer, foram publicados dois volumes em sua homenagem, com o título de *Hermenêutica e dialética* (Bubner/Cramer/Wiehl, 1970). O primeiro volume contém ensaios dedicados à relação entre "método e ciência", em algum dos quais é discutida a imagem de ciência em Gadamer e confrontada com a tradição epistemológica dos séculos XIX e XX.

Tanto Lorenz Krüger quanto Hans Friedrich Fulda veem na posição gadameriana um contraste entre as ciências da natureza e

---

8. SANSONETTI, G., *Il pensiero di Gadamer*, Brescia, Morcelliana, 1988, 31. A citação de Popper encontra-se em: POPPER, K. R., *Congetture e confutazioni. Lo sviluppo della conoscenza scintifica*, Bologna, Il Mulino, 1972, 453.

as ciências do espírito, que não corresponde "ao procedimento afetivo da ciência". Para Krüger, a contraposição entre os dois grupos de ciências depende em Gadamer também de sua análise e concepção de "experiência". A hermenêutica filosófica mostraria uma concepção unilateral de experiência, que conduziria a uma divisão entre as ciências dos fenômenos históricos e as ciências da natureza (Krüger, 1970, 24-26). A experiência da finitude e o caráter histórico da experiência não se referem somente às experiências particulares extracientíficas das quais fala Gadamer, mas emergem também nas ciências da natureza. Desse modo, Krüger se dirige para a superação da oposição gadameriana entre os dois grupos de ciência. O "contraste" entre o "pensamento metódico das ciências" e a experiência hermenêutica é devido à imagem cartesiana de ciência que Gadamer toma como ponto de referência (Krüger, 1970, 23). Para Fulda, a crítica gadameriana ao metodologismo e ao cientificismo aproxima sua posição hermenêutica do falibilismo epistemológico[9]. Ele afirma que Gadamer – ao menos o Gadamer de *Verdade e método* – sustenta uma imagem errônea de ciência natural, baseada na ideia cartesiana que identifica saber e certeza (Fulda, 1970, 152-154):

> O título "Verdade e método" tende a uma desilusão provocatória. Se o sentido do método científico não é caracterizado pela pesquisa da certeza, então a concepção de Gadamer de hermenêutica das ciências do espírito conduz a uma oposição errada entre a hermenêutica e as outras ciências (...) (Fulda, 1970, 145-146; 152).

---

9. Cf. FULDA, H. F., Theoretische Erkenntnis und pragmatische Gewissheit, in: BUBNER, R.; CRAMER, K.; WIEHL, R. (org.), *Hemeneutik und Dialektik. Hans-Georg Gadamer zum 70. Geburstag*, Tübingen, J. C. Mohr (Paul Siebeck), 1970, v. 1. Methode und Wissenschaft, 158. Cf. também: ANTISERI, D., *Trattato di metodologia delle scienze sociali*, Torino, UTET, 1996, 372-374; TUOZZOLO, C., *H.-G. Gadamer e l'interpretazione come accadere dell'essere*, Milano, Franco Angeli, 1996, 7-65; aqui 40, n. 77.

Fulda sublinha que em todas as ciências, mesmo nas ciências "exatas", assumem-se "preconceitos" (*Vorurteile*), sem os quais a ciência seria privada daquelas conjecturas (*Vermutungen*) às quais deve seu progresso.

Nessa linha interpretativa, Wolfgang Wieland afirma que a análise da teoria das ciências do espírito evidenciou algumas conexões que dizem respeito à estrutura geral do conhecimento científico, em particular a elaboração do "círculo hermenêutico", que constitui "um estado de coisas característico para todas as ciências" (Wieland, 1970, 43). Wieland afirma que, "por trás desse, muitas vezes requerido, círculo hermenêutico esconde-se nada mais que aquela estrutura do *se-então*, característica de qualquer conhecimento científico" (Wieland, 1970, 43). Ele nota que nenhuma interpretação de um texto pode representar o texto em si mesmo, mas pode apenas considerar e interrogar o texto a partir de certos pressupostos. Tais pressupostos podem ser modificados, submetidos a exame crítico e revistos no confronto com um determinado estado de coisas (*Sachverhalt*). Isso vale não apenas no campo das ciências interpretativas, mas também "é análogo a qualquer processo cognitivo de qualquer ciência". Para Wieland, o mérito de Gadamer consiste em ter desmascarado a ilusão e o "fantasma de uma ciência sem pressupostos" (Wieland, 1970, 45-47).

Sobre a relação entre Popper e Gadamer e sobre a dimensão epistemológica da hermenêutica, interveio também Rüdiger Bubner, um discípulo de Gadamer. Acerca do título da obra de Gadamer, ele sustenta que não é verdadeiro que a verdade seria acessível sem nenhum recurso ao pensamento metódico, embora algumas mesmas formulações de Gadamer tenham dado essa impressão (Bubner, 1972, 89-111). A reflexão hermenêutica não mira tanto validar um tipo de método contra outro, mas mais chamar a atenção para os limites de cada método:

> Isso não significa desconhecimento do saber elaborado metodicamente ou a introdução de práticas irracionais. Para a reflexão her-

menêutica trata-se, antes, de descobrir – independentemente de métodos bem-sucedidos empregados tanto pelas ciências da natureza quanto pelas ciências do espírito, que dispõem igualmente de um arsenal de métodos – de pressupostos comuns, fundamentais e necessários. (...) Até agora, as discussões em torno da posição hermenêutica ressentem-se muito do fato de (...) a reflexão hermenêutica ser compreendida como o esquema do dualismo metodológico (Bubner, 1972, 93-94; 99).

Bubner afirma que a recusa por parte de Popper do dualismo metodológico implica que a compreensão histórica não seja reservada apenas às ciências do espírito, mas que ela assuma um papel importante também nas ciências da natureza, as quais têm uma dimensão histórico-hermenêutica. Ele considera que algumas concepções popperianas são conciliáveis com as posições de Gadamer[10], na medida em que Popper tematizou questões hermenêuticas (como a teoria da tradição, a importância da análise da situação, a lógica da pesquisa orientada para a solução de problemas) e considerou a dimensão histórica do conhecimento: "No confronto com Popper, poucos prestaram atenção nas implicações dinâmicas e históricas do princípio da falsificabilidade (...)" (Bubner, 1972, 137).

2.2. Ambrosio Velasco Gómez e a guinada hermenêutica da epistemologia de Popper

Na vertente epistemológica, é notável a ênfase na importância do pensamento de Popper dedicado ao contexto social e histó-

---

10. Cf. BUBNER, R., Theory and Practice in the Light of the Hermeneuticcriticist. Controversy. *Cultural Hermeneutics*, 2 (1975) 337-339. Em outra passagem ele afirma: "Na esteira de Popper, em Feyerabend, Toulmin, Kuhn e outros a inserção do valor cognitivo da ciência exata em um contexto social e histórico afirmou-se a tal ponto que os limites com as ciências humanas tornaram-se flutuantes" (BUBNER, F., Che cos'è un'argomentazione filosofia? in: BERTI, E. [ed.], *La filosofia oggi, tra ermeneutica e dialettica*, Roma, Studium, 1987, 23).

rico do conhecimento, ao papel da tradição e aos pressupostos da ciência. Ambrosio Velasco Gómez e James Farr, por exemplo, afirmam que o caráter histórico, social e hermenêutico da filosofia da ciência de Popper é um motivo que distancia o racionalismo crítico do positivismo lógico do Círculo de Viena. Farr mostra a existência de "motivos essencialmente hermenêuticos" no pensamento de Popper. Esses elementos dissolvem aquela contínua incompreensão de suas concepções que levou a atribuir a Popper a etiqueta de positivista. A contribuição fundamental de Popper à hermenêutica consiste em ter operado uma guinada no problema hermenêutico por meio da elaboração de uma teoria objetiva da compreensão (Farr, 1983, 158). Popper não apenas expõe e defende a análise situacional como o método mais apropriado da compreensão objetiva nas ciências sociais, mas também o aplica aos episódios particulares da história da ciência. A reflexão hermenêutica de Popper sobre a interpretação histórica é um complemento da análise situacional. De tal modo, sua teoria epistemológica assume uma conotação que é decididamente distante da forma assumida pelo positivismo.

Velasco Gómez observa que Popper se distancia da concepção do Círculo de Viena na medida em que ele enfatiza aspectos históricos e hermenêuticos da ciência, os quais resultam incompatíveis com as posições dos representantes do neopositivismo. Por isso, Popper representa "um ponto de virada ou uma ruptura" entre a filosofia-padrão da ciência e autores pós-positivistas como Thomas Kuhn, Imre Lakatos e Larry Laudan (Velasco Gómez, 1998, 12-13). Ele prossegue afirmando que a crítica de Popper ao positivismo lógico é mais que um simples desacordo em relação ao critério de verificabilidade e à validade da indução como método de justificação das teorias. A crítica de Popper comporta uma nova concepção da ciência e da racionalidade. Para Popper, embora originariamente tenha mantido a distinção entre contexto da descoberta e contexto da justificação, o que conta como "justificação racional do conhecimento científico" é algo muito distinto da concepção neopositivista:

Popper introduz na justificação racional dimensões históricas, culturais e axiológicas que um positivista lógico não aceitaria. Em particular, a importância que Popper atribui à tradição, à história e às convicções em relação à base empírica resulta muito estranha aos positivistas (com exceção talvez de Neurath). De modo diferente dos positivistas, para Popper, a racionalidade da ciência não reside nos fundamentos empíricos que verificam ou confirmam as teorias, mas na crítica que promove a mudança histórica das teorias e das tradições científicas (...). (Velasco Gómez, 1998, 13).

A valorização e a defesa por parte de Popper desses elementos hermenêuticos são um ponto decisivo e de clara separação do Círculo de Viena e atestam uma forma de aproximação entre epistemologia e hermenêutica (Velasco Gómez, 2003, 11). Com a elaboração de uma metodologia hermenêutica da compreensão, Popper recupera também o componente heurístico do método científico. A análise da situação problemática, do conhecimento de fundo e das tradições representa "a estrutura linguística e teórica" indispensável para compreender as teorias científicas do passado[11]. No centro da reflexão de Popper é posta a função das teorias e a compreensão histórica da racionalidade das tradições que requer "um método hermenêutico" (Velasco Gómez, 2003, 15-16; 2000a). Velasco Gómez fala, a propósito, de uma "concepção eminentemente heurística" da ciência popperiana, enquanto o neopositivismo é orientado para a mera falsificação de novas hipóteses: "Desse modo, na concepção popperiana da ciência, a justificação metodo-

---

11. VELASCO GÓMEZ, A., Hermenéutica y progreso científico, in: BEUCHOT, M.; VELASCO GÓMEZ, A. (org.), *Interpretación, diálogo y creatividad. Quintas jornadas de hermenéutica*, México, Unam, 2003, 14. Sobre o papel da função heurística da ciência em Popper e sobre o caráter heurístico da teoria da compreensão e interpretação de Gadamer, cf.: VELASCO GÓMEZ, A., Heurística y progreso de las tradiciones, in: id. (org.), *El concepto de heurística en las ciencias y las humanidades*, México, Siglo XXI Editores, 2000b, 222-238.

lógica é uma etapa intermédia entre dois momentos heurísticos: o da formulação de novas hipóteses e aquele da impostação de novos problemas, que conduzem a descobertas surpreendentes" (Velasco Gómez, 2000c, 13).

Na perspectiva popperiana, os pressupostos da ciência, como a tradição ou as ideias metafísicas, são fatores que determinam e influenciam a abordagem do cientista na pesquisa científica. Eles indicam aquilo que deve ser considerado como problema relevante e oferecem ao cientista direções de pesquisa, orientando a escolha dos problemas e dos experimentos a serem feitos. É ilusório, para Popper, pensar que a ciência se realize sem preconceitos e pressupostos, e seria ainda mais ingênuo considerar que se pode libertar-se previamente deles antes de realizar a pesquisa científica. A mente humana não é uma *tabula rasa*, mas é cheia de preconceitos, mitos, problemas ou, em geral, de algo de teórico do qual a ciência se vale. No confronto com Popper, também Kuhn afirma compartilhar diversas de suas concepções: a ideia de que a pertença a uma tradição assume um papel essencial no desenvolvimento científico; o interesse comum em ocupar-se com o processo dinâmico com o qual se adquire o conhecimento e não com sua estrutura lógica; sua referência à história e à vida científica real; sua crítica à visão cumulativa da ciência; a crítica ao positivismo lógico e à possibilidade de uma linguagem observadora neutra (Kuhn, 1976, 69-70).

De seu lado, Popper define a crítica de Kuhn como "a mais interessante" com a qual se deparou, mas ao mesmo tempo afasta as objeções formuladas por ele. Popper remete a uma passagem do prefácio à primeira edição alemã da *Logik der Forschung* ["Lógica da pesquisa científica"], que ele considera quase como uma antecipação da posição de Kuhn, em que fazia notar que os cientistas desenvolvem suas ideias "no interior de um quadro teórico definido" (Popper, 1970, XXIX): "(...) há um edifício, uma estrutura organizada da ciência, que fornece ao cientista um horizonte de problemas geralmente aceito, no qual se pode inserir seu trabalho"[12]. De tal modo, Popper reconhece que um cientista trabalha sempre no interior de alguns pressupostos, programas de pesquisa, assuntos teóricos, o que ele define como saber de fundo, ou paradigmas, para falar com Kuhn. Popper, com efeito, utilizando e desenvolvendo os conceitos de tradição e de hermenêutica como categorias interpretativas da racionalidade científica, toma distância daqueles preconceitos presentes na tradição analítica da ciência:

> Tal compreensão histórica da racionalidade da tradição requer (...) uma abordagem hermenêutica, a análise da situação. Popper reconhece que a filosofia da ciência é em primeiro lugar uma disciplina histórica e social, uma disciplina hermenêutica. (...) Todavia, o aspecto mais importante do trabalho hermenêutico para Popper é a concepção que emerge da natureza da racionalidade científica: trata-se de uma racionalidade prudencial, prática, que vai além das margens restritas da metodologia (Velasco Gómez, 2004, 82-83).

Em conformidade com essa ideia de "racionalidade prudencial", Velasco Gómez considera que algumas objeções dirigidas à concepção popperiana da ciência perdem sua validade. Um exemplo é a crítica de Feyerabend à absolutização e à "centralidade do método", na medida em que Popper está consciente de que, na reflexão epistemológica, nem tudo pode ser reconduzido ao plano metodológico. O mesmo vale para algumas objeções de Lakatos e Kuhn à ideia da estabilidade das teorias, na medida em que isso

---

12. POPPER, K. R., La scienza normale e i suoi pericoli, in: LAKATOS, I.; MUSGRAVE, A. (org.), *Critica e crescita della conoscenza*, Milano, Feltrinelli, 1976, 121. Também em seus primeiros escritos, Popper afirma que "(...) uma ciência sem *pontos de vista gerais* não é possível" (POPPER, K. R., Frühe Schriften, in: HANSEN, T. E. [ed.], *Gesammelte Werke* 1, Tübingen, Mohr Siebeck, 2006, 4). Em outra passagem afirma que não pode haver em geral nenhuma ciência empírica "privada de pressupostos" (POPPER, K. R., *I due problemi fondamentali della teoria della conoscenza*, Milano, Il Saggiatore, 1987, 116-117).

estaria em contradição com a concepção do falibilismo e do revisionismo metodológico. Essa "reformulação hermenêutica" da concepção epistemológica de Popper – por meio da abordagem particular do método da análise situacional, do papel da tradição e dos pressupostos da ciência, do saber de fundo e dos programas de pesquisa metafísicos – abre uma nova perspectiva que permite relacionar suas ideias à teoria hermenêutica de Gadamer.

2.3. Jean Grondin e a resolução hermenêutica do racionalismo crítico

Jean Grondin, um dos maiores estudiosos da hermenêutica filosófica contemporânea, continuamente discutiu em seus trabalhos a imagem de ciência e de método sustentada por Gadamer. Ele dedicou sua atenção, além disso, à relação entre racionalismo crítico e hermenêutica, entrando em polêmica com Albert. Grondin observa que a crítica de Gadamer à ciência é dirigida a uma formulação específica, isto é, contra uma imagem absolutizada e divinizada da ciência. Trata-se de uma crítica voltada à "pretensão prometeica" da ciência moderna de querer "ultrapassar" sua finitude constitutiva (Grondin, 2004, 435). A obra de Gadamer teve, ao longo de sua recepção, uma sorte contrária. De fato,

> enquanto, diante da hermenêutica metodológica (de Hirsch, Betti e outros), Gadamer era considerado um "relativista" que parecia pôr em questão os ideais clássicos da verdade e da objetividade, de outro lado o desconstrucionismo lhe reprovava recair na velha metafísica por meio de sua fidelidade ao conceito clássico de verdade (Grondin, 2004, 495).

No início de *Verdade e método*, Gadamer aborda a questão epistemológica das ciências do espírito. Nesse contexto, remete-se às concepções do conhecido físico e fisiólogo alemão Hermann von

Helmholtz, que exerceu uma notável influência sobre o desenvolvimento de sua teoria hermenêutica. Grondin considera que, mesmo sem "exageros", Helmholtz é o "principal interlocutor" na primeira parte de *Verdade e método* (Grondin, 1990, 8). Ele remete-se a uma interessante passagem presente no final da redação original da obra de Gadamer (2003), que, em vez de se debater em uma tentativa de oferecer uma função da autonomia das ciências do espírito e analisar as posições epistemológicas vinculadas a elas, prefere aliar-se às concepções de Helmholtz. Gadamer expressa sua solidariedade com a concepção de Helmholtz ao indicar a autoconsciência das ciências do espírito, que tem sobretudo relação com o "exercício de um tato", da "memória", e não com a aplicação e o uso de um método. Trata-se de uma sensibilidade que não procede com regras fixas (Grondin, 1990, 8).

Grondin considera que essas posições de Gadamer têm um "caráter provocatório", pois ele, remetendo-se às posições de Helmholtz, "salta" as discussões epistemológicas desenvolvidas entre os séculos XIX e XX (Grondin, 1990, 9). Gadamer prefere filiar-se à tradição humanista para compreender a pretensão de verdade e a modalidade cognitiva das ciências do espírito, em vez de oferecer uma discussão metodológica. Ele, portanto, formula essas considerações metodológicas como se estivessem em contraste com o ideal metódico do racionalismo crítico. Tanto para Popper quanto para Albert, com efeito, também nas ciências da natureza desempenham um papel importante a fantasia, a imaginação e os vários pressupostos de natureza ética e metafísica, além, naturalmente, dos elementos de ordem pragmática. A sensibilidade e o "tato" são aspectos que assemelham ambos os grupos de ciências e não são elementos exclusivos das ciências do espírito.

Grondin, comparando as diferenças da ideia do círculo hermenêutico de Gadamer e de Heidegger (Grondin, 1990, 125-134), sublinha a importante dimensão epistemológica da concepção gadameriana. Esse caráter metodológico não deve ser entendido, contudo, em sentido cartesiano, como se a compreensão procedesse de modo linear de uma evidência a outra. Nesse contexto, Grondin identifica uma afinidade com o método popperiano do *trial and error*, afirmando que o círculo hermenêutico descreve

> um processo contínuo de revisão, mesmo uma regra imanente para qualquer interpretação: esses projetos preliminares da compreensão devem ser elaborados de modo que se aproximem o quanto mais da coerência do *interpretandum*. Todavia, daí resulta que a problemática gadameriana mostra-se, sob um outro aspecto, mais epistemológica do que a de Heidegger, na medida em que o acento é posto de modo mais claro na revisão das "hipóteses" provisórias da compreensão. Há algo do *trial and error* na puramente descritiva exposição de Gadamer (Grondin, 1990, 129-130).

Em um artigo de 1995 – "Die Hermeneutik als die Konsequenz des kritischen Rationalismus" –, Grondin retornou aos aspectos comuns entre o método de Popper e o procedimento hermenêutico descrito por Gadamer. Não obstante o ataque de Albert à hermenêutica de Gadamer,

> certamente há muito em comum entre a hermenêutica e o racionalismo crítico (...). Ambas as concepções apresentam uma concepção falibilista do conhecimento que, em ambos os casos, baseia-se em uma radicalização da finitude humana. Elas consideram o elemento recoberto pelos preconceitos na conquista do conhecimento. Albert considera talvez que o racionalismo crítico acentue mais a possibilidade de seu exame e de sua revisão (Grondin, 1995, 38-39).

Grondin recorda que também para Popper não há uma observação pura e desprovida de pré-compreensões e que tanto para Popper quanto para Gadamer é central a ideia de criticabilidade e revisão dos preconceitos e das tradições.

Outro elemento comum é identificado na referência à figura de Sócrates, cujo ideal do "sei que não sei" constitui para ambos os filósofos um instrumento para criticar a pretensão prometeica da ciência e para indicar os limites da racionalidade humana. Grondin considera que a concepção de ciência sustentada por Gadamer em *Verdade e método* foi superada "pelo desenvolvimento hermenêutico da epistemologia":

> Em *Verdade e método*, Gadamer considera que os resultados científicos são devedores do método (sem de resto caracterizá-lo de modo preciso) e põe em questão somente a transposição do ideal metódico nas ciências do espírito (...). Em seus trabalhos posteriores, Gadamer registrou de modo claro e com satisfação que o modo de proceder das ciências da natureza, diversamente de como o havia descrito anteriormente, é ele mesmo hermenêutico" (Grondin, 1995, 41).

Além disso, também a crítica ao fundacionismo constitui um ponto de partida comum tanto para o racionalismo crítico quanto para a hermenêutica. A hermenêutica de Gadamer é conciliável com a concepção do caráter hipotético e conjectural do conhecimento. Outro aspecto comum consiste na crítica à obsessão cartesiana do método e à busca de um fundamento último do saber. Grondin observa que a crítica hermenêutica àquela "ânsia de certeza" do saber ocidental e à busca de fundamentos últimos foi conduzida "em nome da historicidade humana" (Grondin, 1995, 43).

Em 1999, na biografia dedicada a Gadamer, Grondin, retornando novamente à questão da relação entre hermenêutica e racionalismo crítico, recorda a solidariedade entre Popper e Gadamer, que ocorreu em um encontro em Viena, em 1968:

> Popper pode se solidarizar com a tese de Gadamer segundo a qual os preconceitos são condições inalienáveis do crer. Considerava somente insistir, talvez mais que Gadamer, no caráter de revisão do

entender e compreender um pouco mais o método científico praticado de fato[13].

Para Grondin, a hermenêutica de Gadamer, diferente do racionalismo crítico, sublinha que "nem toda verdade e toda ciência não podem ser reconduzidas ao método". Grondin propõe também um confronto entre Popper e alguns expoentes da nova filosofia da ciência do século XX, formulando uma objeção posterior:

(...) a dimensão *hermenêutica* da ciência pode ser um desprazer para o racionalismo crítico, ou seja, a concepção de que nem toda verdade pode ser reconduzida a uma observação pura e à observância de métodos. Não é por acaso que a escola de Popper, por meio de Kuhn e Feyerabend, tenha se aproximado da tradição do pragmatismo americano. Assim se explica, talvez, o "sucesso" maior da hermenêutica. Foi de fato percebido como uma certa inconsequência que a escola popperiana tenha analisado completamente a problemática dos preconceitos e, de modo geral, a da finitude, mas que, todavia, voltou-se à imagem clássica, puramente metódica da ciência (Grondin, 1995, 41)[14].

---

13. GRONDIN, J., *Gadamer. Una biografia*, Milano, Bompiani, 2004, 454. Em uma entrevista recente, Grondin explicou seu interesse pela questão da relação entre Gadamer e Popper, admitindo aquele "desprezo" difuso nos ambientes hermenêuticos em relação ao racionalismo crítico: "Considerei muito essa questão, pois Popper e o racionalismo crítico foram tratados como 'bruxa' dos hermeneutas, penso que de modo muito injusto. Gostaria de colocar isto em seu justo lugar. É verdade que Gadamer pressupõe um conceito particular de método científico que poderia ser revisto um pouco mais no quadro do racionalismo crítico. Minha intuição (...) é que o próprio racionalismo crítico tenha um fundamento hermenêutico" (FRANCO, G. Il razionalismo critico di Karl Popper e la teoria ermeneutica di Hans-Georg Gadamer, in dialogo con Jean Grondin e Graziano Ripanti. In: FRANCO, G. [org.], *Sentieri aperti della ragione. Verità metodo scienza. Scritti in onore di Dario Antiseri nel suo 70º cumpleanno*, Lecce, Pensa, 2010b, 122).

14. Sobre a concepção da dimensão hermenêutica da ciência, cf. também AGAZZI, E., La dimensione ermeneutica della scienza, *Nuova Secondaria* (15 abr. 1995) 3-5.

Ainda outra objeção que, todavia, revela uma incompreensão do racionalismo crítico por parte de Grondin diz respeito à abordagem da temática da verdade. Grondin considera que em Popper a verdade é "algo de inatingível", "um postulado". Aos olhos de Popper, escreve Grondin, "seria um pecado mortal para a ciência crer possuir a verdade. A ciência pode somente criticar, refutar as pretensões insustentáveis, mas jamais poderá obter verdades absolutas" (Grondin, 1995, 41). A intenção de Grondin, o qual justamente critica o risco de transformar o método em um "ídolo" que limita a liberdade e a fantasia da razão, é reconduzir a reflexão do racionalismo crítico ao plano da hermenêutica: "Muito no desenvolvimento interno do racionalismo crítico atesta que essa dimensão hermenêutica da ciência encontra cada vez mais seu devido reconhecimento. Um racionalismo crítico consequente se resolveria, portanto, na hermenêutica" (Grondin, 1994, 46).

Essas considerações de Grondin, plenas de admiração e reconhecimento na abordagem do racionalismo crítico, mas também carregadas de objeções, suscitaram a atenção de Albert, que respondeu de modo muito crítico. Albert sustenta que o pensamento hermenêutico de Gadamer constitui uma "hermenêutica corrupta" (Albert, 1997b, 179), "uma degradação do pensamento metódico", infiltrado pelo relativismo. Portanto, Albert considera a tentativa realizada por Grondin de encontrar afinidades entre Popper e Gadamer como falível e não aceitável: "Na hermenêutica universal não se encontram nem o realismo nem o criticismo da concepção popperiana, e o chamado falibilismo da concepção de Gadamer está, por meio de sua relação com a ideia de verdade, privado de interesse pela problemática da teoria do conhecimento" (Albert, 1997b, 179).

Enquanto Grondin considera que há uma "solidariedade" (Grondin, 2004, 456) entre a hermenêutica de Gadamer e o racionalismo crítico, Albert afirma que não se trata de uma "solidariedade" no sentido comum do termo, mas "simplesmente de um acordo acerca de aspectos específicos" (Albert, 2002, 19). Albert considera uma incompreensão a referência de Grondin a uma "Escola de Popper":

> Com efeito, Kuhn e Feyerabend moveram-se, em oposição ao realismo da concepção popperiana, na direção de um relativismo que é comum a expoentes do pragmatismo e da filosofia hermenêutica. Falar de uma "Escola de Popper" parece-me uma enorme deformação da situação (Albert, 1997b, 192-193).

De modo adequado, Albert argumenta e defende as diferenças entre Popper e os outros epistemólogos citados, todavia, deve-se considerar que a atenção de Grondin está voltada para o reconhecimento da temática daqueles elementos hermenêuticos desenvolvidos por tais estudiosos. Enquanto Albert está interessado em mostrar as diferenças entre esses autores, Grondin quer evidenciar as afinidades e a aproximação recíproca realizada por expoentes pertencentes às duas tradições filosóficas. De outro lado, é preciso não esquecer e não subestimar o desafio e a contribuição que as discussões realizadas por Kuhn, Lakatos e Feyerabend representaram para o racionalismo crítico de Popper.

Albert considera que Grondin não considerou as concepções de Popper de modo correto. A exigência de refletir sobre os limites do método e a concepção de que na reflexão sobre a ciência e sobre a verdade nem tudo pode ser reconduzido ao método representam um ponto de vista sobre o qual também o racionalismo crítico está de acordo. A incongruência apontada por Grondin em relação à abordagem do tema da verdade apoia-se sobre uma interpretação errônea da concepção de Popper. Este, com efeito,

> não afirmou que a *verdade* seria inatingível pela ciência, mas somente que não se pode obter a certeza objetiva no sentido clássico, bem como jamais se pode estar seguro de *possuir* a verdade. Essa

concepção implica um falibilismo coerente que de qualquer forma não é conciliável com muitas passagens da obra fundamental de Gadamer (Albert, 1997b, 193).

2.4. Gianni Vattimo: entre hermenêutica e ciência

Na vertente hermenêutica inserem-se as considerações de Vattimo, para quem a hermenêutica constitui uma *koiné* da cultura filosófica contemporânea. Uma *koiné* entendida não como o exercício de uma hegemonia cultural, mas como uma posição central e "um idioma comum" da filosofia contemporânea (Vattimo, 1989b, 38-48). Nos primeiros posicionamentos acerca da relação entre epistemologia e hermenêutica, Vattimo oscila e exprime pareceres incertos sobre a possibilidade de traçar uma convergência entre as duas concepções. No Prefácio de 1983 à tradução italiana de *Verdade e método*, ele afirma que o motivo que o leva a considerar a hermenêutica como uma *koiné* filosófica do pensamento ocidental reside no fato de que na epistemologia contemporânea "as orientações cientificistas e positivistas estão cedendo lugar a pontos de vista que não seria inadequado definir como hermenêuticos" (Vattimo, 1983, LIX). Ele prossegue afirmando que "parece cada vez mais injustificada a diferença que, em relação à hermenêutica, manifestavam os que sustentavam o racionalismo crítico popperiano (Albert, Bubner; mas, em seguida, Antiseri?)" (Vattimo, 1983, LIX). Em outro lugar destaca a incerteza por parte de Gadamer de estender a experiência de verdade das ciências do espírito como "modelo de verdade" válido também para as ciências experimentais (Vattimo, 1989a, 230).

Gradualmente, contudo, Vattimo reconheceu a afinidade entre Popper e Gadamer, e a tese sustentada por Antiseri (Vattimo, 1994, 142). É significativa a esse respeito a resenha publicada no *La Stampa*, em 1993, sobre o volume de Antiseri *Le ragioni del pensiero debole* ["As razões do pensamento débil"] (Antiseri, 1993).

Vattimo compartilha a aproximação feita por Antiseri entre a elaboração do pensamento *débil*[15], o racionalismo crítico e a hermenêutica, cujo aspecto comum consiste na crítica a qualquer fundacionismo e em sustentar a impossibilidade para a razão humana de "atingir um fundamento último da verdade". Esse aspecto "debilista"[16] da razão é considerado por Vattimo como um traço comum da posição de Popper e Gadamer. Tanto para Gadamer quanto para Popper, na abordagem de um objeto de conhecimento "trazemos conosco os preconceitos que, longe de serem danosos, são nossa vida de aproximação da coisa; é pondo tais pressupostos à prova, modificando-os ou falsificando-os, que alcançamos a verdade, que, contudo, permanece sempre condicionada" (Vattimo, 1993, 14).

Vattimo afirma que a "completa identificação" entre Gadamer e Popper, afirmada por Antiseri, pode "suscitar objeções com fundamento":

> o que a ele [Antiseri] pode ser objetado é que sua preocupação de identificar as analogias entre *debilismo*, hermenêutica e racionalismo crítico faz com que perca de vista que no pensamento *débil* há uma filosofia da história inspirada em Heidegger, que certamente Popper não poderia compartilhar, e que põe de modo diferente a questão do relativismo e do irracionalismo. O racionalismo significa sustentar (como faz Antiseri partindo de Popper) que os pressupostos que condicionam o conhecimento não são, por sua vez, objeto de conhecimento, mas devem ser por uma decisão finalmente não fundamentada (Vattimo, 1993, 14).

---

15. "Pensiero debole" denomina-se a corrente de pensamento que tem em Vattimo um dos seus principais expoentes. Traduzimos o termo italiano *debole* por "débil", uma vez que tem também o sentido de "fraco", isto é, não ancorado em um sistema metafísico. (N. do T.)

16. No original: *debolista*. (N. do T.)

Sobre essa objeção é preciso dizer que não há dúvida de que há diferenças entre Gadamer e Popper. Isso, contudo, não significa, como Vattimo parece sustentar, que Antiseri defenda uma cega e "completa identificação" entre os dois autores, embora ele esteja interessado sobretudo em mostrar os pontos de contato e não os de divergência. Além disso, no que diz respeito à possibilidade da discussão dos princípios e das escolhas éticas, o racionalismo crítico não recai no decisionismo vazio – objeção que foi erroneamente formulada por Gadamer e por Habermas –, porque, à luz da ideia de falibilismo e do método de solução de problemas, pode-se também argumentar a favor ou contra uma tese ou uma escolha ética.

Em outro artigo de 1997, Vattimo, aproximando a tradição epistemológica popperiana da continental-hermenêutica, reconhece que a cultura contemporânea deve a Popper a ideia de que nem mesmo nas ciências experimentais existem fatos "que podem ser tomados de modo neutro". A ciência procede por contínuas falsificações e refutações, e não por uma coletânea de fatos:

> As divisões entre tradição anglo-saxã (empirista e dominada pela epistemologia) e tradição continental (historicista, existencial, hermenêutica) não são mais tão demarcadas. (...) Nem sequer na ciência experimental olhamos o mundo sem juízos prévios; somente se lhe fazemos perguntas precisas (ditadas pela nossa tradição, pelos esquemas históricos de nossa linguagem, por nossos gostos, talvez), ele nos fala de modo a podermos falsificar ou corroborar nossas hipóteses. Com base em observações como esta, foi possível sustentar de modo razoável, por parte de bons conhecedores de Popper, como Dario Antiseri, que não há diferenças substanciais entre o falsificacionismo popperiano e a hermenêutica de Hans-Georg Gadamer (Vattimo, 1997, 19).

O êxito da reflexão hermenêutica de Vattimo foi ter posto em discussão uma imagem fundacionista da razão e de ter proposto uma ideia de razão de tipo hermenêutico. Ela neutralizou o mito da evidência e a pretensão de se obter uma verdade última e definitiva acerca da estrutura da realidade e do sentido da história. O acesso à realidade e ao ser é mediado por categorias que não são válidas *a priori* – estáveis e eternas –, mas históricas (Vattimo, 1989c, V-XI). Acerca da ideia de verdade, Vattimo considera que a contribuição da concepção da hermenêutica filosófica consiste na devastação do mito da evidência e da ideia metafísica clássica de verdade como conformidade aos fatos. A recusa da concepção clássica de verdade como *adaequatio* deve ser entendida como a impossibilidade de poder apreender plenamente a verdadeira estrutura objetiva da realidade. Vattimo distingue a ideia de verdade como abertura, por ele atribuída à tradição hermenêutica, e de verdade como conformação, própria do pensamento epistemológico. Tal distinção é reconduzida à ulterior separação entre ciências do espírito e ciências positivas, entre verdade filosófica e verdade científica. Ele reivindica o primado da primeira sobre a segunda e entende a "verdade como abertura", "(...) como horizonte histórico-cultural compartilhado por uma comunidade, que fala a língua no interior da qual há regras específicas de verificação e de validação" (Vattimo, 1989a, 233). É possível falar de "verdadeiros como enunciados conformes" somente na medida em que há um "horizonte que os torna possíveis". Esse horizonte, contudo, não tem a pretensão de ser um fundamento, um *Grund* metafísico ou uma estrutura última. A verdade como conformação torna-se possível somente pela verdade como abertura, vale dizer, "os verdadeiros conformes" são possíveis somente no interior de um horizonte histórico-cultural e linguístico (Vattimo, 1989a, 234; 245).

Nesse contexto, Vattimo compara a ideia hermenêutica de verdade como abertura à ideia dos paradigmas desenvolvida por Kuhn e como papel heurístico das ideias metafísicas de Popper. Ele sustenta que há uma abertura ou um horizonte que torna possível a verificação ou falsificação de uma proposição (Vattimo, 1994, 8;

12; 19). A tematização dos horizontes ou das aberturas histórico-linguísticas que tornam possível a experiência da verdade pode ser remetida à ideia das "redescrições" de Rorty, ou dos paradigmas de Kuhn, e "(...) o significado que Popper atribui à metafísica como indicação de novas vias para a ciência pode, talvez, se aproximar de uma perspectiva análoga" (Vattimo, 1994, 25). Desse modo, surge o caráter hermenêutico e interpretativo das ciências naturais ou ciências "duras". Isso, contudo, não significa que a física ou as ciências não tenham uma objetividade, mas que tal objetividade é "localizada, situada". A objetividade é histórica na medida em que "construída no interior de uma configuração" (Vattimo, 2000, 82) representada por teorias, regras, paradigmas e instrumentos científicos. É apenas no interior dessa configuração "que se dão ou não se dão certos eventos" (Vattimo, 2000, 82).

Vattimo, todavia, parece cair em uma forma de relativismo ou não esclarece bem o risco ao qual conduzem certas de suas formulações. Embora sustente que a hermenêutica represente uma interpretação de um fato que "(...) pretende validade até apresentar-se uma teoria concorrente que a refute" (Vattimo, 1994, 13), outras de suas ideias abrem espaço para uma incerteza sobre questões do relativismo. Escreve a esse respeito:

> (...) posso fazer epistemologia e enunciar proposições válidas segundo certas regras somente com a condição de habitar um determinado território linguístico ou um paradigma. É esse "habitar" a condição primeira de meu dizer a verdade. Mas não posso descrevê-lo como uma condição universal, estrutural, estável: porque a experiência histórica (por último, também aquela da história da ciência) mostra a irredutibilidade de paradigmas e universos culturais heterogêneos (...) (Vattimo, 1989a, 234).

Vattimo recai nesse ponto em uma forma de relativismo científico e epistemológico, na medida em que parece fazer a verdade e a objetividade dependerem das molduras e dos paradigmas de referência, do conjunto daqueles pressupostos que tornam possível a verdade como conformação. Se, de um lado, é válida sua observação de que o conhecimento depende de um contexto, de nossos pressupostos ou saberes preliminares, de outro, a verdade permanece sempre além dessas formas e condições históricas. Esses são os resultados da pesquisa científica relativos ao nosso saber de fundo, ao contexto histórico em que agimos, ao saber que temos à disposição, mas a verdade como ideal regulador não é relativa.

De seu lado, Antiseri reconhece diversos pontos de contato entre a interpretação do pensamento débil de Vattimo e os êxitos da reflexão epistemológica contemporânea. Ao mesmo tempo, contudo, exprime claramente sua distância, formulando perplexidades e colocando em evidência "luzes e sombras" do pensamento de Vattimo (Antiseri, 1993; Antiseri, 1999, 39-47). Vattimo sustenta que o homem se reporta ao mundo em virtude de horizontes linguísticos que não são absolutos, mas historicamente condicionados. Dessa concepção retira a conclusão de que a hermenêutica não pode se reduzir ao relativismo ou ao irracionalismo e que não é "uma pura filosofia da multiplicidade irredutível das perspectivas" (Vattimo, 1989a, 244).

Antiseri afirma que de uma perspectiva epistemológica é possível estar de acordo acerca de diversos pontos com a posição de Vattimo: 1) com sua crítica ao mito da evidência; 2) com a ideia de que não se pode predicar a certeza absoluta das asserções científicas; 3) com a observação de que as asserções da ciência são conformes à realidade "em quadros de referência e condições de possibilidade também históricas e não absolutos". Todavia, ele observa que "(...) não se vê como Vattimo pode declarar sair do relativismo e do irracionalismo" (Antiseri, 1993, 44). É preciso estabelecer as diferenças entre as diversas "verdades como abertura", isto é, entre as diferentes tradições. À luz da discussão crítica se podem escolher os "verdadeiros conformes" que, de modo diferente e melhor que os outros, mantêm suas promessas. De modo diferente de Vattimo,

Antiseri nota que a atividade do pensar não se esgota no fato de "remeter à abertura de época, histórico-linguística", na qual as coisas se tornam acessíveis, mas pensar significa também "inventar paradigmas" e "resolver problemas" que no interior de um determinado paradigma permanecem sem solução (Antiseri, 1993, 47)[17].

2.5. Marco Vozza e os dispositivos heurísticos da ciência

Na linha de encontro e de uma unificação dos paradigmas representados pela estética, pela hermenêutica e pela epistemologia, situam-se as reflexões de Marco Vozza. Analisando o pensamento de alguns expoentes da tradição hermenêutica e da epistemológica, Vozza relê algumas de suas ideias qualificando-as como "dispositivos heurísticos" que "(...) orientam e prefiguram nossa percepção do mundo exterior, assim como presidem o estruturar-se da investigação cognitiva" (Vozza, 2001, 3). Tais construções heurísticas podem ser consideradas como uma elaboração epistêmica da estrutura da pré-compreensão sublinhada por Heidegger e por Gadamer. Elas desempenham a função de orientação para a prática da pesquisa científica.

Vozza acena para aquela diferença ou "conclamada ignorância" por parte da reflexão teórica da hermenêutica nas abordagens dos desenvolvimentos da reflexão epistemológica. Trata-se de uma postura que perdura ainda hoje e que é superada porque impede o confronto entre as "recíprocas estratégias teóricas". Ele recorda que Gadamer "(...) contrapunha a própria ontologia hermenêutica ao método científico, não dando atenção às relevantes convergências ocorridas na filosofia da ciência posterior à do Círculo de Viena"

---

17. Para uma análise das posições de Vattimo sobre a questão da referência à epistemologia por parte da hermenêutica e sobre os elementos relativistas de suas posições, cf., também, GIORGIO, G., *Il pensiero di Gianni Vattimo*, Milano, Franco Angeli, 2006, 279-291; MURA, G., "Pensiero debole" e verità come retórica, *Aquinas*, 61, 1 (1998) 103-112.

(Vozza, 2001, 13). Entretanto, o papel dos preconceitos em Gadamer corresponde à hipótese de que a interpretação tem uma tarefa de verificar ou refutar com base na observação: "A instância gadameriana de colocar nossos preconceitos à prova constitui, na verdade, a reabilitação inconsciente daquele modelo metódico de conhecimento para o qual a adequação do objeto prova (ou eventualmente refuta) o valor de verdade dos preconceitos originariamente ativos no sujeito" (Vozza, 1990, 18-19).

Vozza, além disso, observa que a crítica heideggeriana à concepção da ciência como "mera descrição ôntica das ciências objetivadoras" atinge o positivismo lógico, mas não o desenvolvimento da filosofia da ciência operado a partir de Weber e Popper. O erro da hermenêutica contemporânea é ter herdado de Husserl a visão das ciências naturais como "método objetivador" e não ter considerado aquela evolução "(...) hermenêutico-perspectivista da epistemologia contemporânea, que colocou em evidência o papel primário de uma série de dispositivos heurísticos", que orientam e dirigem a interrogação cognitiva e prática da pesquisa científica (Vozza, 2001, 91). Desse modo, a oposição entre epistemologia e hermenêutica é mitigada, na medida em que a hermenêutica "(...) explicita as condições ontológicas e existenciais nas quais é possível identificar o caráter constitutivamente interpretativo da atividade científica, a articulação de qualquer investigação cognitiva nas figuras da pré-compreensão e da interpretação" (Vozza, 2001, 30).

Vozza fala também de "dispositivos heurísticos" no pensamento de Popper. Esses elementos hermenêuticos são identificados no papel assumido no interior das ciências naturais no campo da metafísica, do conhecimento de fundo e dos quadros teóricos de referência, que orientam a pesquisa e selecionam os problemas e suas hipóteses de resolução. Vozza cita a ideia popperiana de que uma observação pressupõe sempre uma instância teórica, a existência de um sistema de expectativas que devem ser postas em confronto com a experiência:

A revalorização do aspecto teórico do empreendimento científico conduziu Popper a identificar níveis de teoria, em geral implícitos, que agem por trás dos procedimentos analíticos. No âmbito dessa concepção apriorista da ciência, Popper elaborou uma epistemologia das conotações hermenêuticas, segundo a qual a observação científica recebe significado somente no interior de expectativas pré-analíticas (Vozza, 1990, 91).

3. Sobre a integração epistemológica da hermenêutica

3.1. Hans Albert: as afinidades com Gadamer e sua correspondência epistolar

Em diversos escritos, Albert ofereceu uma crítica radical à postura hermenêutica de Heidegger e Gadamer. Albert fala de uma derivação teológica do pensamento gadameriano que se manifesta sobretudo em sua postura antinaturalista. Albert identifica diversos aspectos da filosofia of Gadamer: a falta de consideração das questões metodológicas da hermenêutica; a consequente recusa da abordagem clássica da hermenêutica como *Kunstlehre* ou técnica da interpretação; a negação do ideal de objetividade da ciência e a desvalorização do impulso crítico da reflexão hermenêutica; a incompreensão do ideal metódico da ciência moderna; a defesa de uma separação metodológica entre ciência da natureza e ciências do espírito; a negação do uso do saber nomológico e dos resultados das ciências naturais para a compreensão da realidade histórico-social; a extensão da metáfora do texto e da interpretação textual como paradigma cognitivo para a compreensão do mundo da história; a visão instrumentalista da ciência e a desvalorização do pensamento científico[18].

---

18. Esses constituem somente alguns dos aspectos analisados com precisão por Albert em seus muitos confrontos com a hermenêutica de Gadamer. Cf. ALBERT, H., *Difesa del razionalismo critico*, Roma, Armando, 1997a, 169-217; *Per un ra-*

A intenção de Albert é de sublinhar contra Gadamer a importância da instância metódica da hermenêutica e a relevância do método do controle crítico e da discussão racional no processo interpretativo. As objeções de Albert são dirigidas contra alguns limites da concepção gadameriana da ciência contra as incompreensões por parte de Gadamer de alguns aspectos centrais do racionalismo crítico. Não obstante esses elementos, é preciso considerar as admissões por parte de Gadamer dos limites da imagem científica contida em *Verdade e método* e o fato de que em seus posicionamentos posteriores identificou a exigência e o rigor metódico que as ciências do espírito devem ter. Ao sublinhar a importância da reflexão hermenêutica para a ciência, Gadamer evidenciou alguns pontos de contato com o racionalismo crítico. Ele abordou problemas que são objeto de questionamento também por parte do racionalismo crítico (Franco; 2012a, 151-193; 2012c).

Albert ocupa-se sobretudo da dimensão metodológica da hermenêutica, que ele elabora e desenvolve de modo mais coerente em relação a Gadamer. Ele sublinha que também o racionalismo crítico trata daqueles "problemas relevantes", comuns à posição de Gadamer, mas se recusa acentuar sua formulação em termos "hermenêuticos". Albert, além disso, refuta a aproximação operada, por exemplo, por Grondin e Antiseri, entre o racionalismo crítico e a hermenêutica de Gadamer. Sobre essa posição, Antiseri esclareceu o sentido dessa aproximação e sublinhou, conforme Albert, que "uma análise atenta de *Verdade e método* mostra que Gadamer certamente não elaborou uma teoria do método das ciências naturais e que, quando fala dessas ciências, sua posição não pode ser sobreposta à de Popper" (Antiseri, 2002, 68-69).

Antiseri compartilha com Albert a ideia de unidade do método da pesquisa científica e sua polêmica dirigida contra certa

---

zionalismo critico, Bologna, Il Mulino, 1973, 163-193; *Kritik der reinen Hermeneutik. Der Antirealismus und das Problem des Verstehens*, Tübingen, Mohr Siebeck, 1994.

tendência antinaturalista do pensamento hermenêutico. Todavia, Antiseri observa que a polêmica de Albert contra o separatismo metodológico sustentado por teóricos da hermenêutica "(...) talvez lhe tenha feito perder de vista o melhor da hermenêutica de nosso século: a teorização gadameriana do círculo hermenêutico, em que compreender é delineado como um procedimento de resolução de problemas por meio de conjecturas (tentativas de interpretação) e refutações (averiguação dessas interpretações sobre o texto e o contexto)" (Antiseri, 2002, 68). Na opinião de Antiseri, se, como Albert admite, a filologia segue um procedimento interpretativo "de modo idêntico às ciências naturais" (Albert, 1997a, 180), deveriam, então, ser menos parecidas as razões que alimentam sua hostilidade nos confrontos de Gadamer.

Albert, contudo, embora reafirmando sua completa separação da hermenêutica gadameriana, reconheceu pontos de vista em comum com a concepção por ele criticada, demonstrando de tal modo que ele "não parece fugir do campo magnético dessa abordagem" (Antiseri, 2002, 71). Em uma carta a Feyerabend, de 1967, Albert reconhece semelhanças e afinidades entre a concepção dos preconceitos de Popper e a de Gadamer:

> Acabei de ler o grosso volume de Gadamer, *Verdade e método* (500 páginas). Não quero dizer nem verdade nem método, embora de certo modo se possa afirmá-lo. Parece ser a bíblia da atual filosofia ("hermenêutica") alemã. Muito redundante e prolixo, por vezes notavelmente pouco claro. Contudo, diversos trechos são muito interessantes, por exemplo, aquele sobre os preconceitos, em que defende um ponto de vista similar ao de Popper em *A sociedade aberta* e nas partes correspondentes das *Conjecturas*! Fiquei francamente maravilhado. Popper, contudo, tem uma vantagem de cerca de 16 anos! Será que o bom Gadamer tenha utilizado um pouco de Karl quando lhe convinha? (Feyerabend; Albert, 2008, 99).

Em uma conversa que remonta a 1985, Antiseri chamou a atenção de Albert para algumas analogias entre o falibilismo de Popper e a teoria hermenêutica de Gadamer, perguntando-lhe onde estava a diferença entre as duas posições. A resposta de Albert foi a seguinte: "Aquilo que o senhor considera poder identificar como pontos em comum são, para mim, vagas analogias. Não reconheço em Gadamer uma teoria do conhecimento no verdadeiro sentido da palavra. Não sei se ele sequer teria a pretensão de ter elaborado tal teoria" (Antiseri, 1985, 528-529).

Em 1994, Albert publica o volume *Kritik der reinen Hermeneutik* ["Crítica da hermenêutica pura"], em que reafirma de modo ainda mais claro seu dissenso e distanciamento de Gadamer e Heidegger. Contudo, aquelas "vagas analogias" das quais Albert falava dez anos antes se tornam menos vagas, até se tornarem, como Antiseri observa, "elementos teóricos comuns", "precisos vínculos" entre a hermenêutica gadameriana e a epistemologia falibilista. Com efeito, Albert afirma que, quando Gadamer fala das consequências de sua ontologia hermenêutica sobre a concepção tradicional da hermenêutica como *Kunstlehre* e quando aborda a questão da descoberta da pré-estrutura da compreensão, isso induz a pensar que "(...) se trata da proposta, da averiguação e da eventual correção de hipóteses interpretativas (*Deutungs-hypothese*) que os textos à disposição e outros traços de caráter histórico poderiam mais ou menos confirmar, como ocorre na metodologia de Max Weber e de Karl Popper" (Albert, 1994, 48). E acrescenta:

> Muitas formulações de Gadamer parecem estar perfeitamente de acordo com uma interpretação similar de suas concepções. O mesmo vale para sua recusa do "descrédito do preconceito por obra do iluminismo". Todavia, Gadamer formula sua concepção completamente de acordo com os preconceitos do pensamento de Heidegger, em clara oposição à ciência moderna e à sua ideia de método (Albert, 1994, 48-49).

Albert sustenta que o interesse na averiguação intersubjetiva das hipóteses é um aspecto comum a todas as ciências, e vale, portanto, também para a hermenêutica. A interpretação dos textos deve ser tomada como uma "produção e verificação de hipóteses interpretativas" (Albert, 1994, 90), como reconstrução hipotética do sentido do texto, cuja lógica e metodologia de pesquisa não é diferente das ciências naturais. Ele compartilha com Gadamer a ideia de que as hipóteses interpretativas podem encontrar origem no saber da tradição e que os intérpretes "participam no desenvolvimento da tradição" (Gadamer, 2000, 607). No plano metodológico, sustenta que uma prática adequada da interpretação deve considerar a possibilidade de corrigir as pré-compreensões: "A possibilidade de uma tal correção é admitida também por Gadamer, embora ele não se distancie da concepção de Heidegger" (Albert, 1994, 52).

Albert atenuou sua crítica em relação às formulações contidas no *Tratado sobre a razão crítica*, como parece claro em sua avaliação da relação entre "tradição e crítica" desenvolvida por Gadamer. Com efeito, em seu *Traktat*, Albert sublinha, sobretudo, que Gadamer sacrifica e renega o impulso crítico do método científico, a importância da tradição e da metodologia do pensamento crítico. Além disso, sustenta que Gadamer considerava as tradições uma instância de legitimação do saber (Albert, 1973, 193), na qual há menos espaço para a dimensão crítica a ser exercida nas abordagens da tradição, e deixava espaço para um "descritivismo conservador" (Albert, 1973, 183).

Em *Kritik der reinen Hermeneutik*, ao contrário, Albert afirma que "[Gadamer] estabelece de modo adequado que a autoridade e a tradição não devem estar em contraste incondicional com a razão e que as tradições exercem um papel em todas as ciências" (Albert, 1994, 99). Também em relação às concepções expressas por Gadamer em relação à emergência de situações problemáticas no interior de uma tradição específica e, mais precisamente, em relação à dependência e à ação da história dos efeitos, Albert reconhece outra afinidade:

Em primeira instância, pode-se reconhecer nessas considerações um compartilhar das concepções de Gadamer com a ideia da prática cognitiva das ciências, ideia desenvolvida no âmbito da atual epistemologia de Karl Popper. Também Popper, com efeito, sublinhou o caráter histórico da situação problemática, que o pesquisador deve analisar como ponto de apoio de seus esforços cognitivos. Aquilo que Gadamer define como "o elaborar da situação hermenêutica" para "adquirir o adequado horizonte problemático para as questões que se apresentam em nossa relação com os dados históricos coletados", não me parece em nada diferente daquilo que no contexto do racionalismo crítico é descrito como pressuposto da situação sensata do problema, mas que nesse ponto não se trata do caso específico da interpretação dos textos, mas da prática cognitiva em geral (Albert, 1994, 89).

Albert se opõe aos que caracterizam sua concepção como baseada em um "domínio absoluto da racionalidade científica" e afirma que também nas ciências do espírito há problemas particulares e diferentes procedimentos metódicos pertencentes a seu âmbito específico de investigação. Ao mesmo tempo, recorda que também as ciências do espírito se valem de um saber de tipo nomológico e sublinha que é sempre possível rever e melhorar as regras do método hermenêutico. Em relação à objeção segundo a qual Albert pretenderia submeter "a compreensão" ao modelo nomológico-dedutivo, ele esclarece que tal indicação se refere "(...) à construção da hermenêutica como técnica, e não ao processo mesmo da compreensão. (...) Pelo que posso recordar, em nenhuma passagem de meus escritos pretendi que a crítica deva ser submetida ao modelo da explicação nomológico-dedutiva" (Albert, 1998, 9-10). Para Albert, o método da solução de problemas pode ser estendido também ao âmbito da religião, da poesia, da música, em que de igual modo faz-se uso do método da crítica racional e dos resultados provenientes das ciências naturais.

Uma fonte ulterior do confronto entre as concepções de Albert e as de Gadamer está contida em algumas cartas inéditas que os dois filósofos trocaram de 1969 a 1984. Nesse testemunho epistolar é possível notar de modo abrangente a atenção de Gadamer em expressar seus pontos de contato com o racionalismo crítico de Albert e em esclarecer alguns pontos de incompreensão. Albert, ao contrário, está mais empenhado em destacar sua distância da elaboração hermenêutica de Gadamer.

Em uma carta de 23 de setembro de 1969, Gadamer convida Albert para participar de uma obra organizada por ele e por Paul Vogler, e lhe propõe de modo particular escrever um ensaio sobre o "significado antropológico das concepções e dos modelos presentes nas ciências sociais". Gadamer destaca e elogia a competência de Albert em relação às teorias econômicas e às questões metodológicas nelas contidas, e o convida a oferecer um ensaio destinado a um público não especializado que apresente o estado da questão da pesquisa nesse âmbito. No início dessa carta Gadamer afirma:

> (...) lamento não ter tido ainda a ocasião de encontrá-lo e é uma pena que não tenha havido nenhum contato entre nós. Ainda que eu possa parecer aos olhos do senhor um charlatão [*Gesundbeter*], em um encontro comigo o senhor poderá ver – ao menos assim creio – que sou um homem relativamente racional. A tradição de pesquisa defendida com paixão pelo senhor é seguramente distante da minha. Mas também não penso ignorar os caminhos modernos da pesquisa.

Albert responde com uma carta de 20 de outubro de 1969, na qual, embora manifestando um grande interesse pelo tema proposto por Gadamer, desculpa-se gentilmente por não poder aceitar o convite por motivo de assumir o cargo de Decano da nova Faculdade de Ciências Sociais da Universidade de Manheim. Albert aproveita a ocasião e, aceitando a provocação feita por Gadamer, expressa algumas reservas em relação à sua elaboração hermenêutica. Ao mesmo tempo, contudo, reconhece nela alguns elementos de afinidade com as concepções do racionalismo crítico. Antes de mais nada, Albert afasta a expressão *Gesundbeter*, usada por Gadamer, e diz ter lido *Verdade e método* com grande interesse, mas "sob pontos de vista" vinculados a seus problemas de pesquisa. Albert, além disso, refere seus primeiros interesses filosóficos e a fadiga de seu longo percurso filosófico, que, partindo da hermenêutica heideggeriana, passando pelo neopositivismo lógico do Círculo de Viena, chegou enfim ao racionalismo crítico de Popper. Consciente desse itinerário, ou, como ele o define, uma "encruzilhada filosófica", Albert sublinha que está longe de suas intenções menosprezar as argumentações de Gadamer ou desvalorizar a força argumentativa e racional de seu pensamento.

Prosseguindo em sua resposta, Albert afirma que em relação à teoria dos preconceitos há um "paralelo" entre as concepções de Gadamer e a proposta filosófica de Popper. Todavia, não deixa de destacar uma diferença central presente nas duas concepções, vale dizer, que Popper, diferentemente de Gadamer, sublinha muito mais a força da discussão crítica na abordagem dos preconceitos. A falta desse potencial crítico na hermenêutica filosófica induz Albert a identificar uma semelhança maior entre Gadamer e os filósofos analíticos influenciados por Wittgenstein:

> De resto, descobri na teoria do senhor dos preconceitos um paralelo com o que Popper escreve em sua crítica ao racionalismo clássico. A diferença consiste somente no fato de que Popper confere à questão uma maior dimensão crítica, enquanto nos escritos do senhor – se compreendi corretamente – emerge um acento mais conservador: o valor da tradição é tão intensamente destacado que as possibilidades da crítica passam para um segundo plano.

Em 23 de agosto de 1975, Gadamer tem um novo motivo para escrever a Albert, no momento em que este lhe havia enviado o posfácio à terceira edição de seu *Tratado sobre a razão crítica*, com o título de "O criticismo e seus críticos" (Albert, 1991, 219-256). Gadamer não esconde seu interesse, mas ao mesmo tempo expressa seu espanto e perplexidade. Ele manifesta sua dificuldade em reagir às críticas de Albert, sobretudo porque considera estar de acordo com diversas das concepções por ele sustentadas. Gadamer afirma que o motivo dessa reticência em responder não foi determinado pela desconsideração das contribuições de Albert e diz ter anulado tudo aquilo que havia escrito sobre o pensamento de Albert em seu posfácio a *Verdade e método*. O verdadeiro motivo de sua reticência – escreve Gadamer – consiste "(...) no embaraço de dever dizer ao senhor que compartilho quase tudo aquilo que o senhor escreve, mas não o modo com o qual o senhor me lê, me compreende e me critica. Essa experiência de outrora repetiu-se em seu posfácio, mas o embaraço permanece o mesmo".

Nesse contexto, Gadamer esclarece o que ele entende por sua teoria dos preconceitos e sublinha que sobre esse ponto Albert não o compreendeu. A doutrina dos preconceitos não indica que eles estão ou devem permanecer "imunes de crítica", mas devem ser – em pleno acordo com as concepções de Albert – sujeitos a revisões e verificação. Escreve Gadamer: "A história consiste na revisão, muitas vezes também na completa recusa e abandono de determinados preconceitos (muitas vezes – talvez por sorte? – de todos os preconceitos). A reflexão hermenêutica quer tornar nosso pensamento capaz de revisão". Gadamer, prosseguindo sua carta, sublinha que ele "jamais sustentou" que para Albert os métodos hermenêuticos são "irrelevantes", mas apensa que Albert "rejeita a *reflexão* hermenêutica". Gadamer em seguida toma distância do abuso que alguns teólogos e exegetas fazem de sua hermenêutica, e adverte Albert de não dever considerá-lo um expoente de um pensamento fundacionista, sublinhando indiretamente o aspecto falibilista comum entre sua concepção hermenêutica e o racionalismo crítico. Escreve Gadamer:

Mas o senhor não pode imputar-me o uso que a teologia faz de minhas concepções, em que está em jogo uma autoridade completamente diferente, que subtrai os preconceitos à crítica (na medida em que somente reconheço a ideia de autoridade que se submete à crítica e que convence, com argumentos, de sua própria superioridade). Tanto menos o senhor deve identificar-me com aqueles críticos que advertem acerca da falta da dimensão transcendental em minhas concepções, vale dizer, justamente o "pensamento fundacionista" clássico.

Gadamer, enfim, expressa sua discordância e desagrado em ter sido incompreendido por Albert, que pretenderia negar-lhe o exercício da racionalidade crítica. Gadamer, contudo, compartilha a ideia de que o método da solução de problemas vale também no campo hermenêutico e considera como ponto de contato de suas concepções o fato de ambos serem "convictos liberais humanistas":

> Imagino poder mostrar-vos que a *Interpretatio naturae* representa um horizonte mais amplo do que aquele da "solução de problemas", mas que abraça completamente a mesma – e somente a própria – racionalidade. Por motivos hermenêuticos, deverei começar a falar, em relação a tal concepção, a língua do senhor, mas minha mente envelhecida não pode mais fazê-lo. Mas desculpe-me principalmente na medida em que tenho a firme impressão de que o senhor seja um liberal humanista convicto, assim como eu também sou, mas que esse tipo de homem torna-se cada vez mais raro.

A essas observações Albert responde com uma carta de 27 de setembro de 1975, na qual objeta não ter compreendido o pensamento de Gadamer e sustenta que sobre sua doutrina dos preconceitos "não encontrei até agora – nos textos do senhor de que disponho – nenhuma referência à possibilidade da revisão com base em argumentos racionais". Albert, além disso, refere-se à filosofia transcendental de Apel, que ele considera uma recaída "no pensamento fundacionista clássico", uma tendência que, contudo, não pensa dever considerar como uma "falta" no pensamento de Gadamer. Albert, por fim, afirma que não é sua intenção negar-lhe o uso da racionalidade crítica e que não quer duvidar do fato de que Gadamer seja um "liberal humanista convicto".

3.2. Umberto Eco e a epistemologia dos "filólogos"

Na defesa da tese de que as disciplinas humanísticas operam com o mesmo procedimento metodológico que as ciências naturais, Antiseri mostrou (Antiseri 1981/2001, 187-224), com base nas pesquisas dos escritos metodológicos de alguns críticos textuais (Maas, 1972; Fränkel, 1972; Pasquali, 1952), que a epistemologia dos filólogos procede segundo o método por conjecturas e refutações. O crítico textual é um investigador científico que, em sua tarefa de restituição de um texto que se aproxime o máximo possível do original, procede por tentativa e erro, e por conjecturas que serão postas à prova. Como o físico, também o crítico textual assume ou descobre problemas que tenta resolver, propondo conjecturas e hipóteses que podem ser refutadas ou corroboradas. Como o pesquisador em seu laboratório, também o crítico textual não parte de uma mente similar a uma *tabula rasa*, mas de todos os seus preconceitos e conhecimentos adquiridos em seu campo de investigação. Ambos têm necessidade de fantasia e criatividade para desenvolver sua atividade científica.

Tanto para Popper quanto para Gadamer, qualquer tradução é sempre uma interpretação (Gadamer, 2000, 782-791; Popper, 1998, 34-37). A atividade do tradutor vale-se de um procedimento de verificação crítico-racional por tentativa e erro. Qualquer tradução consiste em elaborar uma conjectura de sentido do texto a ser traduzido. Essa conjectura deve ser posta à prova e confrontada com o texto. No caso de ser contrariada, é preciso realizar novas tentativas de solução. Esse procedimento utilizado pelo tradutor vale-se justamente da estrutura do círculo hermenêutico de Gadamer (conjectura sobre o sentido do texto; prova e verificação do texto; posteriores tentativas de conjecturas), que correspondem ao método de Popper de tentativa e eliminação dos erros (Antiseri, 1981/2001, 225-236).

Nesse contexto, são também relevantes as concepções de Umberto Eco, que, sobre um pano de fundo implícito das concepções de Popper e Gadamer, elaborou importantes considerações sobre alguns problemas centrais da interpretação textual. Eco caracteriza o processo interpretativo como algo infinito e contínuo. A semiose de um texto é "potencialmente ilimitada", mas isso não significa que a interpretação seja "flutuante" (Eco, 1995, 34). Falar de um pluralismo interpretativo não equivale a sustentar que "um texto possa ter qualquer sentido" (Eco, 1995, 169).

Para Eco, o texto tem limites que são constituídos pelos "direitos dos textos", que impõem restrições ao leitor. Esse é um fato que mesmo "o desconstrucionista mais radical" aceitaria (Eco, 1990, 14). Há, contudo, interpretações de um texto que resultam arbitrárias e desviantes. Trata-se de procedimentos e atos interpretativos que Eco define como "superinterpretações", que devem ser evitados com base em regras precisas. Para Eco, o processo interpretativo é baseado em critérios intersubjetivos de verificação e crítica em sentido popperiano (Eco, 1995, 35). Acerca do risco da arbitrariedade da interpretação e da possibilidade de uma superinterpretação de um texto, bem como contra a objeção de quem afirma que para definir uma má interpretação é preciso possuir critérios, ele escreve: "Ao contrário, penso que seja possível assumir uma espécie de princípio popperiano segundo o qual, se não há regras para verificar quais interpretações são 'melhores', há ao menos uma regra para verificar quais são as 'piores'" (Eco, 1995, 64-65).

Esse princípio popperiano é assumido como um critério de economia textual, um critério com base no qual se pode indicar uma dada interpretação como um caso de superinterpretação. Trata-se de um critério apto a estabelecer os limites da interpretação: "Talvez como critério quase popperiano seja muito fraco, mas é suficiente para reconhecer que não é verdade que qualquer coisa seja adequada" (Eco, 1995, 172). A posição de Eco, que é também antipsicologista como as de Gadamer e de Popper, opõe-se às tendências das teorias subjetivistas da interpretação, as chamadas teorias *reader-oriented*. A solução oferecida por ele para a teoria da interpretação é conciliável com a posição gadameriana e pode oferecer uma contribuição às objeções dirigidas a ele. Eco distingue três orientações relativas à tarefa interpretativa, compreendidas: 1) como busca da *intentio auctoris*; 2) como busca da *intentio operis*; 3) como imposição da *intentio lectoris*. Essas três orientações podem ser consideradas como três soluções diferentes para o problema da busca de um critério de validade da interpretação. A interpretação não deve mirar a intenção do autor, àquilo que o autor empírico queria dizer, nem tampouco deve fazer prevalecer a interpretação do leitor, que arrisca projetar sobre o texto os próprios desejos ou preconceitos. A tarefa hermenêutica deve apreender, ao contrário, a intenção da obra, as razões do texto, além das intenções do leitor e do autor empírico que as produziu.

Eco introduz uma distinção entre "uso" e "interpretação" de um texto (Eco, 1990, 32-33; 2002, 59-60). O uso de um texto indica a abordagem do leitor ao interpretar o texto com base nos "próprios desejos, pulsões, arbítrios" ou fazendo ressaltar os próprios preconceitos sobre o que é efetivamente expresso por ele (Eco, 1990, 22). Embora possa haver infinitas interpretações, o texto não admite qualquer interpretação. O texto deve ser tomado "como parâmetro das próprias interpretações". Com uma linguagem popperiana, Eco intitula a seção do volume *Os limites da interpretação* com a expressão "A falsificação das interpretações inadequadas". É preciso não crer apenas que "(...) um texto controle e selecione as próprias interpretações, mas também suas interpretações inadequadas" (Eco, 1990, 37). Como é possível – pergunta

Eco – verificar uma conjectura relativa à *intentio operis*? O único modo é o de verificá-la pelo texto tomado como um conjunto coerente: "Nesse sentido, a coerência textual interna controla os igualmente incontroláveis impulsos do leitor" (Eco, 1995, 79).

O texto, portanto, tem sua intenção, que estabelece limites, freios e desvios aos intérpretes. Os limites da interpretação coincidem com os direitos do texto: "A iniciativa do leitor consiste em fazer uma conjectura sobre a *intentio operis*. Essa conjectura deve ser aprovada pelo complexo do texto como um todo orgânico. Isso não significa que sobre um texto se possa fazer uma e apenas uma conjectura interpretativa. Em princípio, podem ser feitas infinitas. Mas, no final, as conjecturas serão comprovadas pela coerência do texto, e a coerência textual não poderá senão desaprovar certas conjecturas aventadas" (Eco, 1990, 34).

Buscar a intenção da obra não significa, contudo, não considerar a bagagem cultural, o saber de fundo e o horizonte de expectativas do leitor. Há uma colaboração e uma relação entre texto e leitor, entre o texto e o *Erwartungshorizont* do leitor, entre a pré-compreensão do texto e a história de seus efeitos (Eco, 1995, 171-172). Todavia, é preciso exercer uma vigilância crítica dos pressupostos e dos preconceitos do intérprete. Eco formula, além disso, uma distinção entre autor empírico e autor-modelo, aos quais faz corresponder a distinção entre leitor empírico e leitor-modelo. Na interpretação de um texto, não é preciso buscar as interpretações do autor que produziu o texto, do autor empírico ou psicológico, mas aquelas do autor-modelo, isto é, da imagem do autor tal como emerge e se pode obter da leitura do texto. Ao mesmo tempo, o texto é um artifício que pressupõe ou "constrói" um leitor-modelo, um leitor-tipo com competências particulares. Desse modo, autor-modelo e leitor-modelo são estratégias textuais, imanentes ao próprio texto. As intenções do autor-modelo e as intenções do texto coincidem: buscar as intenções do autor-modelo, tal como emergem do texto, significa buscar as intenções do texto.

Essas reflexões de Eco encontram uma confirmação na perspectiva de Gadamer. Para Gadamer, com efeito, o sentido de um texto não depende daquele elemento ocasional que é representado por seu autor e pelo público originário ao qual ele se dirigia: "Ou, ao menos, não se resolve completamente nele. Ele é sempre também determinado pela situação histórica do intérprete e, portanto, pelo desenvolvimento histórico objetivo. (...) o sentido de um texto transcende seu autor" (Gadamer, 2000, 613). O texto, uma vez escrito, liberta-se "da contingência da própria origem e do próprio autor" (Gadamer, 2000, 613). Focar a atenção na intenção do autor é uma "consequência do psicologismo" hermenêutico que cristaliza e faz da opinião do autor "a medida do compreender". A verdadeira medida da interpretação, no entanto, continua sendo o texto tal como se apresenta ao leitor, ainda que para sua compreensão não se exclua uma investigação sobre a figura do autor, que possa esclarecer elementos obscuros de uma obra (Gadamer, 1995, 510-511).

Além disso, para Gadamer, o ato interpretativo "(...) jamais é uma iniciativa arbitrária, embora, como pergunta, seja, por sua vez, ligado à resposta que se espera do texto" (Gadamer, 2000, 777). O que conta é a intenção do texto em que se transfere a intenção do autor: "Quando buscamos compreender um texto, não nos detemos na psicologia do autor, mas – se quisermos falar de empatia – simpatizamos com suas opiniões" (Gadamer, 1995, 58). E ainda mais claramente Gadamer afirma: "Quando estivermos diante de uma obra de arte, a *intentio* é, por assim dizer, inteiramente mergulhada na obra e não pode mais ser buscada por trás ou adiante da própria obra. Por isso, restringe-se o valor de todos os empreendimentos biográficos e histórico-genéticos em referência a obras de arte. (...) A obra de arte 'está' aqui. Se sua história dos efeitos é sua, então ela não subsiste a qualquer uso e abuso que dela é feito" (Gadamer, 2006, 262-263).

A verdadeira compreensão do texto ocorre quando o intérprete põe em jogo as próprias pré-compreensões e prevenções subjetivas, pois o texto que se pretende compreender permanece a única medida válida. Para Eco, bem como para Gadamer, o texto está ali, diante do leitor, e ele permanece o parâmetro com o qual medir a aceitabilidade de suas interpretações. A possibilidade de realizar diversas interpretações de um texto é ligada à falibilidade de nosso conhecimento: "Estando diante do *falibilismo* do conhecimento, considero que descrições ulteriores descobrirão estratégias semióticas ulteriores por nós subvalorizadas, bem como poderiam criticar muitas de nossas descrições enquanto determinadas por uma excessiva propensão para a suspeição hermenêutica" (Eco, 1995, 177).

3.3. Joseph Agassi e "a hermenêutica das certezas" de Gadamer

O filósofo da ciência Joseph Agassi, em um artigo em que critica (Agassi, 1994) as concepções hermenêuticas de Gadamer, reconhece, todavia, pontos de contato entre Gadamer e Popper[19]. A objeção de Agassi é que a hermenêutica gadameriana pretende prometer "certezas". Para Agassi, a concepção principal da filosofia de Gadamer é que as ciências humanas obedecem a normas próprias relativas à leitura dos textos, que pretendem garantir certezas. Essa crítica não apreende, contudo, a postura geral da hermenêutica de Gadamer, que é expressão de um antifundacionismo bem conciliável com o falibilismo epistemológico de Popper. Não obstante esse ponto, algumas das afinidades identificadas por Agassi resultam interessantes. Ele sustenta que a filosofia de Gadamer "exprime uma filosofia do diálogo similar àquela proposta por Karl Popper" (Agassi, 1994, 496) e prossegue afirmando que a falta de

---

19. Agassi considera, todavia, apenas alguns ensaios autobiográficos, uma apresentação de Gadamer e um volume que reúne escritos em sua homenagem, sem aprofundar a posição de Gadamer desenvolvida em *Verdade e método* e em outros de seus escritos posteriores.

referência ao pensamento de Popper por parte de Gadamer não é devida a uma inimizade, mas talvez "à falta de familiaridade" com ele (Agassi, 1994, 496)[20].

Gadamer afirma que a linguagem da filosofia não tem um objeto estabelecido e "não se move em sistemas de enunciados" que, formalizados logicamente, "podem aprofundar as ideias da filosofia" (Gadamer, 1995, 492). Dando um exemplo, ele afirma que a análise lógica das argumentações que se encontram em um diálogo platônico poderá certamente conduzir a um esclarecimento, mostrar incoerências e conclusões erradas, mas com isso não se aprenderá a ler Platão, a fazer de seus problemas e perguntas filosóficas nossos problemas (Gadamer, 1995, 492).

De tal modo, segundo Agassi, Gadamer expõe sua concepção crítica nas abordagens do fanatismo e do radicalismo:

> Uma condição necessária e suficiente para evitar tanto o fanatismo quanto o radicalismo é evitar a fixação intelectual, admitindo que possa estar errado. (...) Esse ponto de vista de Gadamer coincide com o de Popper; ninguém tem prioridade sobre ele, mas Popper parece tê-lo apresentado de modo mais sistemático e a propósito das ciências naturais, enquanto a preocupação de Gadamer é com as ciências humanas (...). Em todo caso, Gadamer e Popper admitem, de modo idêntico, a impossibilidade da demonstração em qualquer domínio (exceto a lógica e a matemática) e, a fortiori, uma recusa de que haja diferentes métodos de verificação nos diversos âmbitos.

---

20. Na verdade, tal "familiaridade" com o pensamento de Popper por parte de Gadamer, embora não tenha sido prontamente admitida, foi realizada posteriormente por Gadamer, que reconheceu tornar-se consciente do desenvolvimento da filosofia da ciência do século XX e das afinidades com Popper "somente mais tarde" (GADAMER, H.-G., Verità e metodo 2, Milano, Bompiani, 1995, 496). Cf. FRANCO, G., Conoscenza e interpretazione. L'inaspettata convergenza tra l'epistemologia di Popper e l'ermeneutica di Gadamer, Soveria Mannelli, Rubbettino, 2012a, 151-193.

Popper continuamente sublinhou esse aspecto, enquanto Gadamer menos (Agassi, 1994, 497)[21].

3.4. O realismo epistêmico de Paolo Parrini

Paolo Parrini, comparando a hermenêutica de Gadamer com a epistemologia contemporânea, identifica analogias entre a metodologia das ciências interpretativas e as das ciências naturais. Ele considera que os preconceitos são uma condição necessária do compreender, que não oferecem obstáculo, mas contribuem para a obtenção da objetividade. De modo análogo a Antiseri, Parrini afirma: "O intérprete não se aproxima do texto com uma mente que é uma *tabula rasa*, mas sim com uma espécie de 'pré-compreensão' por ele constituída de toda uma série de preconceitos, pressuposições e expectativas" (Parrini, 2002, 167). Ele fala de um "realismo epistêmico", segundo o qual a investigação da natureza "(...) se desenvolve no interior de uma moldura de referência conceitual constituída por pressuposições de natureza linguística, teórica e metodológica, que plasmam nosso modo de fazer a experiência daquilo que chamamos mundo ou natureza" (Parrini, 2002, 168).

Parrini não hesita em afirmar uma similaridade substancial entre método empírico e método hermenêutico. Compartilhando a concepção de Albert do falibilismo gnosiológico, expressa pela célebre metáfora do *trilema de Münchhausen*, sublinha o caráter autocorretivo da ciência. A ciência vai ao encontro da natureza "armada com um complexo de pressupostos conceituais" e se vale desses pressupostos e dos resultados científicos para formular hipóteses

---

21. Por ocasião de um debate com alguns epistemólogos italianos, Agassi confirmou que "há muito em comum" entre o método popperiano de "problemas-teorias-refutações" e a concepção hermenêutica desenvolvida por Gadamer, embora reafirmando a concepção de não apreciar a hermenêutica de Gadamer enquanto ela "promete certezas". Cf. AGASSI, J., *Scienza, metodologia e società*, org. de Michael Segre, Roma, Luiss Edizioni 2000, 142-143.

que podem ser confirmadas ou modificadas. Desse modo, ele identifica um tipo de dialética "similar àquela descrita pelo círculo hermenêutico", que não vale apenas pelo processo de interpretação de um texto, mas que é análogo ao processo de "compreensão do significado de uma teoria científica":

> Em conclusão, com base nas mais recentes visões epistemológicas, pelo empreendimento científico se deve dizer algo de análogo àquilo que Gadamer sustenta sobre o método hermenêutico: (a) a natureza é investigada com base em pressuposições linguísticas, teóricas e metodológico-axiológicas (realismo epistêmico); (b) o controle empírico tem uma estrutura lógica triádica na qual, ao lado das hipóteses a serem verificadas e da experiência, intervém também o "conhecimento de fundo"; (c) os "choques" entre nossas expectativas e os dados empíricos, que são tais sempre no interior de uma certa interpretação teórica, podem mover uma modificação tanto das crenças intrassistemáticas quanto das crenças constituintes da moldura epistêmica de referência (Parrini, 2002, 169).

3.5. Orlando Todisco e a tradição crítica como critério hermenêutico

Acerca da convergência entre Popper e Gadamer, também houve a intervenção de Orlando Todisco. Ele afirma que como Gadamer, com sua reflexão hermenêutica, pretendeu recuperar e dar conta da esfera pré-compreensiva ou do mundo da vida (*Lebenswelt*), também Popper considerou essa "complexa realidade existencial" com sua reavaliação, contra o Círculo de Viena, das proposições metafísicas, éticas e religiosas. Popper aproxima-se dessa complexa realidade existencial com a intenção de conhecer algo "sobre o enigma do mundo em que vivemos" e "sobre o enigma do conhecimento que o homem tem deste mundo" (Todisco, 1977a, 266; 1974; 1977b).

Popper não se ocupou somente de questões metodológicas, mas também elaborou princípios éticos gerais e recuperou aquelas esferas pré-compreensivas e pré-analíticas da experiência humana juntamente com a importância das teorias metafísicas, que eram consideradas pelo neopositivismo como privadas de sentido. De modo simétrico, Gadamer reconhece a importância da reflexão científica e a relevância epistemológica da reflexão hermenêutica. Ele não apenas teorizou, mas também realizou a função crítica central da hermenêutica nas abordagens da tradição e dos preconceitos. Todavia, Gadamer se pergunta se a ciência apreende o problema da verdade em sua totalidade. Há uma esfera de problemas decisivos para a vida do ser humano, tais como a religião, que a ciência considera superados:

> Nós nos perguntamos preocupados: em que medida depende dos procedimentos mesmos da ciência o fato de que haja tantos problemas para os quais devemos encontrar uma resposta e para os quais a ciência nos impede, ou, em outras palavras, tantos problemas aos quais a ciência mostra descrédito, julgando-os privados de sentido? Porque, para a ciência, só tem sentido aquilo que satisfaz seus métodos de certificação e verificação (Gadamer, 1956, 253-254).

Segundo Todisco, o horizonte hermenêutico da filosofia de Gadamer não se opõe aos princípios do racionalismo crítico e ao papel da tradição crítica, que age com força também nas ciências do espírito. A tradição crítica, que não se reduz apenas à instância de verificação das hipóteses das ciências empíricas, constitui um princípio e medida de avaliação comum aos dois grupos de ciências (Todisco, 1977a, 286-287). Ela se torna "um critério hermenêutico" fecundo, útil para identificar falsas interpretações, para desmascarar aquelas imunizações que operam em ambas as ciências e para reavaliar outros âmbitos do saber e da vida do homem, como a ética, a religião e a arte. O princípio da tradição crítica, tomado como princípio hermenêutico, não é apenas um instrumento de crítica da infalibilidade, mas também uma crítica "contra qualquer pretensão antitradicionalista" (Todisco, 1977a, 293). Entre os motivos da tradição crítica como expressão do horizonte hermenêutico, Todisco indica os seguintes:

1) a tradição crítica baseia-se na confiança na racionalidade humana universal;
2) a consciência da finitude, da historicidade e da provisoriedade de qualquer empreendimento humano, seja ele cognitivo, seja ele prático, põe em crise qualquer pretensão de dogmatismo e de busca da certeza. Isso provoca o respeito da alteridade do outro, do pluralismo e da liberdade de opiniões;
3) a tradição crítica, além disso, desperta e revaloriza a fantasia criadora do homem (Todisco, 1977a, 295-299).

3.6. Gaspare Mura e a hermenêutica veritativa

Gaspare Mura, um dos maiores expoentes italianos da reflexão hermenêutica contemporânea (Mura, 1997), considerou em seus escritos a questão da relação entre racionalismo crítico e hermenêutica. Ele elaborou uma posição hermenêutica original, à luz do pensamento de Gadamer, Betti e Ricoeur, que, definida como "hermenêutica veritativa", integra em um equilíbrio dinâmico tanto a instância metafísica quanto a metodológica da hermenêutica. Mura fala de "um único estatuto científico" comum tanto às ciências da natureza quanto às ciências do espírito e sublinha a tendência da aproximação recíproca entre epistemologia e hermenêutica contemporânea. Essa aproximação é requerida pela hermenêutica em sua permanente tarefa de transformar em conhecimentos universalmente válidos os dados da existência humana e de unir "a dimensão nomotética própria das ciências exatas com a dimensão ideográfica própria das ciências do espírito" (Mura, 2005, 170-171).

Para Mura, com efeito, também as ciências humanas utilizam o método da inferência causal das ciências da natureza, a fim de apresentar as hipóteses interpretativas como hipóteses explicativas, "universais" e "válidas para todos" (Mura, 2005, 172). Às ciências humanas, todavia, não basta o método de inferência causal, pois os produtos históricos do homem requerem também uma interpretação de sentido. Para Mura, a reflexão epistemológica contemporânea sublinhou que a prática cognitiva é orientada a uma pré-compreensão. Isso representa "um ganho teórico" amadurecido pela vertente hermenêutica:

> A reflexão epistemológica apropriou-se, assim, progressivamente de noções estritamente hermenêuticas, aplicando em particular a noção de "pré-compreensão" à elaboração de uma "história da ciência" considerada como o suceder-se das questões que guiaram a pesquisa, e à formulação de uma metodologia "hermenêutica" das ciências humanas (Mura, 2002, 519).

Mura afirma que em todo processo cognitivo, tanto hermenêutico quanto científico, parte-se de uma esfera pré-compreensiva, de um "horizonte" caracterizado por uma totalidade de significados, como as tradições, a cultura e a comunidade científica à qual pertence:

> (...) a epistemologia contemporânea – diferente daquela do positivismo e do neopositivismo e após as crises que deles derivam – desenvolveu a consciência dos próprios componentes hermenêuticos acentuando a atenção sobre alguns aspectos pré-cognitivos que determinam qualquer projeto cognitivo e científico, permitindo, assim, também à hermenêutica abrir-se a preocupações de caráter epistemológico (Mura, 2002, 519).

Em seus numerosos estudos sobre a hermenêutica, Mura elaborou a concepção qualificada com a expressão "hermenêutica ve-

dirigida ao pensamento de Gadamer – sustentada, por exemplo, por Albert, que considera irrelevante a ideia de verdade defendida por Gadamer e sublinha que sua ênfase na historicidade impede a obtenção da verdade – é preciso considerar que Gadamer defende uma instância veritativa da hermenêutica:

> A historicidade não é mais uma determinação limitadora das pretensões da razão de apreender a verdade, mas antes uma condição positiva da verdade. De tal modo, falta qualquer fundamento efetivo das argumentações do relativismo histórico, porque o critério de uma verdade em sentido absoluto revela-se abstrato e perde seu significado metodológico. A historicidade cessa de evocar o espectro do relativismo histórico (Gadamer, 1977, 735).

Por sua vez, Mura afirma que a hermenêutica gadameriana possui uma intencionalidade e uma abertura metafísica que têm como escopo a compreensão veritativa do objeto da interpretação. A concepção gadameriana da verdade – em relação, por exemplo, à declinação niilista de Vattimo – reside na inspiração platônico-agostiniana, para a qual a verdade contém sempre uma conotação transcendente em relação às várias interpretações, e isso ocorre sempre em um processo dialógico (Mura, 1998, 112).

Em um ensaio em homenagem ao 70º aniversário de Antiseri (Franco, 2010a), Mura retornou à questão da relação entre hermenêutica e racionalismo crítico afirmando que "o ponto de convergência" entre Popper e Gadamer deve ser identificado na correspondência entre o método por conjecturas e refutações de Popper e a ideia do preconceito e pré-compreensão que está na base da experiência hermenêutica de Gadamer:

> Gadamer parece, assim, possuir um conceito de método científico que se aproxima do racionalismo crítico e o próprio racionalismo crítico mostra possuir pressupostos que são de caráter hermenêu-

ritativa" (Mura, 1991; 2005). Essa posição oferece também uma resposta às objeções avançadas contra a ideia de verdade da hermenêutica de Gadamer e ao suposto relativismo visto em suas concepções. O ponto de partida é representado pela concepção de que, "(...) na hermenêutica, a verdade é histórica e não meta-histórica, é interpretação, mas não apreensão objetiva do objeto conhecido" (Mura, 2005, 227-228). A interpretação, no horizonte da verdade como evento e manifestação do ser, não conduz nem a um elemento fundador da verdade nem a um relativista, mas unicamente à abertura das múltiplas interpretações da verdade devidas ao caráter inexaurível do ser, que se desvela em uma rede infinita de horizontes interpretativos que são eles também não absolutos.

Para Mura, a contribuição da hermenêutica de Gadamer, Betti e Ricoeur consiste em enriquecer a concepção clássica de verdade como *adaequatio*, na medida em que ela revela ulteriores categorias e dimensões próprias da verdade, tais como a historicidade e o caráter dialógico. A reflexão hermenêutica contemporânea sublinha a dimensão não apenas lógica, mas também ontológica e personalista da verdade: "É nessa direção que Gadamer, em *Verdade e método*, desenvolverá a noção da verdade não apenas como metodologia lógica na investigação, mas como 'experiência' abrangente" (Mura, 2005, 232), que acentua o momento "dialógico" e "iluminador" da própria investigação. A noção hermenêutica de verdade é personalista. Não se trata de uma relação entre sujeito e objeto, de um sujeito que exerce um controle racional do objeto, mas antes de uma relação entre um sujeito e outro sujeito, ou aquela entre o intérprete e o autor de um texto.

Na hermenêutica de Gadamer, a ideia da verdade como *adaequatio*, como correspondência e conformidade do intelecto ao ente, não é posta em discussão, mas "enriquecida". Ao mesmo tempo, tal noção indica os limites da ideia de verdade como correspondência e amplia seus horizontes, acolhendo em si a dimensão da alteridade e do diálogo na busca da verdade. Contra a acusação de relativismo

tico. As aparentes afinidades não significam que a hermenêutica de Gadamer se compare *in toto* com o método da pesquisa científica de Popper (Mura, 2010, 448).

Uma diferença, com efeito, é identificada por Mura no fato de que as noções hermenêuticas de "pré-compreensão" e de "círculo hermenêutico" não são "primordialmente métodos", mas "disposições existenciais e ontológicas" para a experiência da verdade (Mura, 2010, 449). Mura observa que justamente a relevância da concepção hermenêutica gadameriana "(...) articula-se em três dimensões que se correspondem de modo recíproco e indissolúvel: a dimensão metodológica, a dimensão ontológica e a dimensão eidética" (Mura 2010, 451). Pode-se, certamente, estar de acordo com essa consideração de Mura, sem se colocar em discussão qual é o elemento prioritário da reflexão filosófica gadameriana. Um aspecto que é sublinhado e que em geral foi esquecido do debate historiográfico é que as concepções de Gadamer contêm instâncias válidas e reincidências epistemológicas. O fato de que as noções de pré-compreensão e de círculo hermenêutico serem primordialmente conceitos ontológicos, e apenas de modo secundário noções métodicas, depende da perspectiva da qual são considerados e da relevância dos outros aspectos que se pretende sublinhar. Tais noções hermenêuticas da pesquisa científica encontram correspondência naqueles aspectos e pressupostos filosóficos da reflexão metodológica nos quais o próprio racionalismo crítico tanto insistiu, embora o elaborando no interior de seu patrimônio linguístico.

Outra observação feita por Mura consiste em afirmar que "(...) na interpretação oferecida por Antiseri da hermenêutica gadameriana ecoa de modo sensível a interpretação que dela foi feita pelo pensamento débil, em particular por Vattimo" (Mura, 2010, 447). Com tal propósito é preciso observar que, embora Antiseri tenha expresso em mais de uma ocasião seu consenso e acordo com alguns aspectos do pensamento de Vattimo, isso não significa que

Antiseri aceite o risco do relativismo que pode ser encontrado na interpretação debilista que Vattimo faz da hermenêutica gadameriana. Como foi visto anteriormente, Vattimo radicaliza o princípio gadameriano da historicidade da verdade e da interpretação, defendendo uma vocação niilista da hermenêutica. Os limites dessas concepções foram identificados e analisados por Mura (1998; 1991), no interior da perspectiva hermenêutica gadameriana, e por Antiseri (1992), no interior da perspectiva epistemológica. Além disso, é preciso recordar que Vattimo, bem como boa parte da recepção inicial italiana e alemã de *Verdade e método*, expressou dúvidas sobre a abordagem e a leitura metodológica das concepções de Gadamer (Vattimo, 1980, 15-43). De modo gradual, contudo, Vattimo atenuou essa posição reconhecendo a perspectiva na qual Antiseri se move, o qual elaborou de modo independente de Vattimo sua aproximação entre a teoria epistemológica de Popper e a teoria hermenêutica de Gadamer.

Conclusão

Pela análise e pela comparação das tomadas de posição anteriores, emergem diferentes modos de considerar a relação entre epistemologia e hermenêutica, baseados cada vez em uma interpretação particular do método científico e da hermenêutica filosófica. Pode-se, além disso, constatar a diversidade de abordagens e interpretações das concepções de Popper e Gadamer. Isso permitiu apreender de ângulos e perspectivas diferentes uma convergência particular acerca de alguns pontos de suas concepções.

A tese aqui defendida não pretende ser expressão de um irenismo filosófico, nem nivelar ou planificar a riqueza das posições de Gadamer e de Popper, tampouco reduzir uma perspectiva à outra. Alguns estudiosos consideram optar por uma resolução da epistemologia no campo da hermenêutica ou por uma subordinação da hermenêutica à epistemologia. Ao contrário, pretendeu-se mostrar que, de um lado, o racionalismo crítico recebe da hermenêutica uma confirmação da validade de suas concepções, e, de outro, que a hermenêutica de Gadamer recebe também do racionalismo crítico uma prova de suas ideias e um estímulo para corrigir algumas incompreensões por parte de Popper e Albert. Como foi visto, também Albert acentuou de certo modo suas críticas à hermenêutica de Gadamer, diminuindo a possibilidade de alguns paralelismos e uma afinidade com a hermenêutica de Gadamer. Não se trata, portanto, de uma complementaridade ou de uma redução das duas concepções filosóficas, mas de uma convergência baseada em uma nova consciência da ideia de ciência e de método.

A virada epistemológica de Popper e a virada ontológica da hermenêutica de Gadamer permitem instaurar um novo diálogo entre epistemologia e hermenêutica. Isso ocorre partindo de uma ideia de ciência que não é mais a positivista ou cientificista, mas da imagem de ciência falível e submetida a revisões, que não tem nenhuma pretensão de ser absoluta e possuir certeza. A concepção de Popper pode ser qualificada como uma filosofia da ciência, que expressa o amplo e complexo âmbito no qual se insere a reflexão sobre a ciência e seus métodos; ela não diz respeito somente à estrutura lógica das teorias científicas, mas também ao papel da heurística e das condições sociais do conhecimento científico, à relação entre metafísica e ciência, entre ciência e valores, e à relação entre história da ciência e epistemologia. Popper não apenas elaborou uma teoria da ciência, mas também ocupou-se e reabilitou o componente hermenêutico das ciências e aquela esfera de problemas decisivos para a vida do homem, à qual a ciência reenvia ou nos quais aprofunda suas raízes (Franco, 2010c).

O pensamento de Gadamer, de outro lado, pode ser qualificado como uma teoria geral da hermenêutica, que integra as dimensões metodológica e filosófica da reflexão hermenêutica, junto à instância veritativa da interpretação. Gadamer mostrou como a reflexão sobre o método deve ser integrada por uma consciência hermenêutica. Sua contribuição, que tende a conciliar as modalidades cognitivas das ciências do espírito com os critérios metódicos das ciências da natureza, pode ser considerada, de uma perspectiva epistemológica, como uma análise das condições da compreensão e uma solução hermenêutica de problemas teórico-cognitivos; delas decorrem regras precisas e indicações de caráter procedimental.

A epistemologia de Popper e a hermenêutica de Gadamer destacam que qualquer projeto cognitivo é orientado a uma pré-compreensão. Tanto Popper quanto Gadamer realizam um horizonte filosófico comum, um modelo de razão epistemológico-hermenêutica do qual decorre que o conhecimento tem um caráter interpretativo e a interpretação é capaz de apresentações cognitivas. À luz das reflexões dos expoentes da tradição hermenêutica e epistemológica – alguns dos quais foram considerados anteriormente –, pode-se concordar com o que diz Antiseri em um balanço provisório da questão da unidade do método científico:

> Quando, no início dos anos 1970, propus a ideia da identidade entre o método *dotrial and error* e o procedimento do círculo hermenêutico na perspectiva de uma teoria unificada do método, fui cumulado mais de insultos que de críticas. Hoje, quase quarenta anos depois, há bonança. Que o método da pesquisa científica seja único é uma ideia em torno da qual cresceu e sempre cresce um razoável e argumentado consenso (Antiseri, 1981/2001, 105-106).

Bibliografia

AGASSI, Joseph. Gadamer without Tears. *Philosophy of the Social Sciences*, v. 24, n. 4, (1994) 485-505.

——. *Scienza, metodologia e società*. Org. de Michael Segre. Roma, Luiss Edizioni, 2000.

AGAZZI, Evandro. La dimensione ermeneutica della scienza. *Nuova Secondaria* (15 abr. 1995) 3-5.

AGOSTINIS, Sergio. Ermeneutica e razionalismo critico in Hans Albert. *Storiografia ed ermeneutica, Atti del XIX Convegno di assitenti universitari di filosofia, Padova 1974*. Padova: Editrice Gregoriana, 1975, 81-88.

ALBERT, Hans. *Per un razionalismo critico*. Bologna: Il Mulino, 1973.

——. *Traktat über kritische Vernunft*. Tübingen: Mohr Siebeck, 1991.

——. *Kritik der reinen Hermeneutik. Der Antirealismus und das Problem des Verstehens*. Tübingen: Mohr Siebeck, 1994.

——. *Difesa del razionalismo critico*. Roma: Armando, 1997a.

——. La svolta ermeneutica e la tradizione del pensiero critico. *Rivista di Filosofia*, 88, 2 (1997b), 171-196.

——. Der Naturalismus und das Problem des Verstehens. In: KANITSCHEIDER, Bernulf; WETZ, Franz Josef (ed.). *Hermeneutik und Naturalismus*. Tübingen: Mohr Siebeck, 1998, 3-20.

——. Critical Rationalism and Universal Hermeneutics. In: MALPAS, Jeff; ARNSWALD, Ulrich; KERTSCHER, Jens (ed.). *Gadamer's Century. Essays in Honor of Hans-Georg Gadamer*. Cambridge: MIT Press, 2002, 15-24.

ALBERT, HANS; ANTISERI, Dario. *L'ermeneutica è scienza?* Interviste a cura di Giuseppe Franco. Soveria Mannelli: Rubbettino, 2006.

ANTISERI, Dario. A proposito dei nuovi aspetti della filosofia della storia e della filosofia. Epistemologia, ermeneutica e storiografia filosofica analitica. *Archivio di filosofia*, 43, 1 (1974), 249-282.

——. *Teoria unificata del metodo*. Torino: Utet, 1981/2001.

——. A Colloquio con Hans Albert su razionalismo critico, ermeneutica e scuola di Francoforte. In: ANTISERI, D. *Ragioni della razionalità*. Soveria Mannelli: Rubbettino, 1985/2004, v. 1. Proposte teoretiche, 521-542.

——. *Le ragioni del pensiero debole. Domande a Gianni Vattimo*. Roma: Borla, 1993.

——. *Trattato di metodologia delle scienze sociali*. Torino: UTET, 1996.
——. *Credere dopo la filosofia del XX secolo*. Roma: Armando, 1999.
——. Quando, come e perché epistemologia ed ermeneutica "*unum ei idem sunt*". In: ALBERT, Hans; ANTISERI, Dario. *Epistemologia, ermeneutica e scienze sociali*. Roma: Luiss Edizioni, 2002, 51-109.
——. Murray N. Bobbard e la sua errata interpretazione della teoria della interpretazione. *Nuova Civiltà delle Macchine*, 29, 1-2 (2011) 189-120.

BALDINI, Massimo. Epistemologia, ermeneutica e storiografia. *Storiografia ed ermeneutica (Atti del XIX convegno di assistenti universitari di filosofia. Padova, 1974)*. Padova: Gregoriana, 1975, 315-326.

BELLINO, Francesco. *Ragione e morale in Karl R. Popper. Nichilismo, relativismo e fallibilismo etico*. Bari: Levante, 1982.
——. *La praticità della ragione ermeneutica. Ragione e morale in Gadamer*. Bari: Levante, 1984.

BUBNER, Rüdiger. *Dialektik und Wissenschaft*. Frankfurt: Suhrkamp, 1972.
——. Theory and Practice in the Light of the Hermeneutic-criticist. Controversy. *Cultural Hermeneutics*, 2 (1975) 337-352.
——. Che cos'è un'argomentazione filosofia? In: BERTI, Enrico (ed.). *La filosofia oggi, tra ermeneutica e dialettica*. Roma: Studium, 1987, 19-51.

BUBNER, Rüdiger; CRAMER, Konrad; WIEHL, Reiner. *Georg Gadamer zum 70. Geburstag*. Tübingen: J. C. Mohr (Paul Siebeck), 1970, v. 1: *Methode und Wissenschaft*; v. 2: *Sprache und Logik*.

ECO, Umberto. *I limiti dell'interpretazione*. Milano: Bompiani, 1990.
——. *Interpretazione e sovrainterpretazione. Un dibattito con Richard Rorty, Jonatham Culler e Christine Brooke-Rose*. Org. de Stefan Collini. Milano: Bompiani, 1995.
——. *Lector in fabula. La cooperazione interpretativa nei testi narrativi*. Milano: Bompiani, 2002.

FARR, James. Popper's Hermeneutics. *Philosophy of the Social Sciences*, 13, 2 (1983) 157-176.

FERRARIS, Maurizio. Aspetti dell'ermeneutica nel Novecento. In: RAVERA, Marco (ed.). *Il pensiero ermeneutico*. Genova: Marietti, 1986, 207-277.

———. A proposito di ermeneutica e epistemologia. *Aut Aut*, 217-218 (1987), 241-266.

———. *Storia dell'ermeneutica*. Milano, Bompiani, 1989.

FEYERABEND, Paul; ALBERT, Hans. *Briefwechsel*. Org. de Wilhelm Baum. Klagenfurt-Wien: Kitab, 2008, v. 1: 1958-1971.

FOSSATI, Lorenzo. *Ragione e dogma. Hans Albert critico della teologia*. Napoli: Guida, 2003.

FRANCO, Giuseppe. Il razionalismo critico come apertura alla fede. In dialogo con Dario Antiseri su fede, scienza e l'ermeneutica di Gadamer. In: ALBERT, Hans; ANTISERI, Dario. *L'ermeneutica è una scienza? Interviste a cura di G. Franco*. Soveria Mannelli: Rubbettino, 2006, 53-93.

———. *Sentieri aperti della ragione. Verità metodo scienza. Scritti in onore di Dario Antiseri nel suo 70o cumpleanno*. Lecce: Pensa, 2010a.

———. Il razionalismo critico di Karl Popper e la teoria ermeneutica di Hans-Georg Gadamer, in dialogo con Jean Grondin e Graziano Ripanti. In: FRANCO, Giuseppe (org.). *Sentieri aperti della ragione. Verità metodo scienza. Scritti in onore di Dario Antiseri nel suo 70º cumpleanno*. Lecce: Pensa, 2010b, 115-142.

———. *Wissenschaftstheorie – Hermeneutik – Theologie. Dem Anderen Recht geben: Karl R. Poppers Kritischer Rationalismus im Gespräch MIT Hans Albert, Dario Antiseri, Vlker Gadenne, Armin Kreiner und Hans-Joachim Niemann*. Klagenfurt-Wien: Kitab Verlag, 2010c.

———. *Conoscenza e interpretazione. L'inaspettata convergenza tra l'epistemologia di Popper e l'ermeneutica di Gadamer*. Soveria Mannelli: Rubbettino, 2012a.

——— (org.). *Der Kritische Rationalismus als Denkmethode und Lebenweise. Hans Albert zum 90. Geburtstag*. Klagenfurt-Wien: Kitab Verlag, 2012b.

———. Gadamer über den Kritischen Rationalismus. Zwischen Affinitäten, Kritik und Missverständnissen. In: FRANCO, Giuseppe (org.). *Der Kritische Rationalismus als Denkmethode und Lebenweise. Hans Albert zum 90. Geburtstag.* Klagenfurt-Wien: Kitab Verlag, 2012c, 88-125.

FRÄNKEL, Hermann. *Testo critico e critica del testo.* Firenze: Le Monnier, 1972.

FULDA, Hans Friedrich. Theoretische Erkenntnis und pragmatische Gewissheit. In: BUBNER, Rüdiger; CRAMER, Konrad; WIEHL, Reiner (org.). *Hemeneutik und Dialektik. Hans-Georg Gadamer zum 70. Geburtstag.* Tübingen: J. C. Mohr (Paul Siebeck), 1970, v. 1. Methode und Wissenschaft, 145-165.

GADAMER, Hans-Georg. Che cos'è la verità? *Rivista di filosofia*, 48, 3 (1956) 251-266.

———. Ermeneutica. *Enciclopedia del Novecento.* Roma: Instituto dell'Enciclopedia Italiana, 1977, v. II, 731-740.

———. *Verità e metodo 2.* Milano: Bompiani, 1995.

———. *Verità e metodo.* Ed. bilíngue. Introdução de G. Reale. Milano: Bompiani, 2000.

———. Verità e metodo. L'inizio della stesura originaria. *Paradigmi*, 21, 61 (2003) 679-690.

———. *Ermeneutica. Uno sguardo retrospettivo.* Milano: Bompiani, 2006.

GIORGIO, Giovanni. *Il pensiero di Gianni Vattimo.* Milano: FrancoAngeli, 2006.

GRONDIN, Jean. Sulla composizione di "Verità e metodo", *Rivista di Estetica*, 30, 36 (1990), 3-21.

———. Die Hermeneutik als die Konsequenz des kritischen Rationalismus. In: KANITSCHEIDER, B; WETZ, F-J. (org.). *Hermeneutik und Naturalismus.* Tübingen: Mohr Siebeck, 1995, 38-46.

———. *Gadamer. Una biografia.* Milano: Bompiani, 2004.

KRÜGER, Lorenz. Über das Verhältnis der hermeneutischen Philosophie zu den Wissenschaften. In: BUBNER, Rüdiger; CRAMER, Konrad; WIEHL, Reiner (org.). *Hemeneutik und Dialektik.*

Tübingen: J. C. Mohr (Paul Siebeck), 1970, v. 1. Methode und Wissenschaft, 3-30.

KUHN, Thomas S. Logica della scoperta o psicologia della ricerca. In: LAKATOS, Imre; MUSGRAVE, Alan (org.). *Critica e crescita della conoscenza*. Milano: Feltrinelli, 1976, 69-93.

MAAS, Paul. *Critica del testo*. Firenza: Le Monnier, 1972.

MURA, Gaspare. Per un'ermeneutica metafisica. *Per la Filosofia*, 8, 22 (1991) 12-32.

———. *Eremeneutica e verità*. Roma: Città Nuova, 1997.

———. "Pensiero debole" e verità come retorica. *Aquinas*, 61, 1 (1998) 103-112.

———. Ermeneutica. In: TANZELLA-NITTI, G.; STRUMIA, A. (org.). *Dizionario Interdisciplinare di Scienza e Fede*. Roma: Città Nuova/Urbaniana University Press, 2002, 2v, 504-523.

———. *Introduzione all'ermeneutica veritativa*. Roma: Edizioni Università della Santa Croce, 2005.

———. Razionalismo critico, ermeneutica e fede religiosa. In: FRANCO, Giuseppe. (org.). *Sentieri aperti della ragione. Verità metodo cienza. Scritti in onore di Dario Antiseri nel suo 70o compleanno*. Lecce: Pensa, 2010, 443-451.

PARRINI, Paolo. *Sapere e interpretare. Per una filosofia e un'oggettività senza fondamenti*. Milano: Guerini e Associati, 2002.

PASQUALI, Giorgio. *Storia della tradizione e critica del testo*. Firenze: Le Monnier, 1952.

PERA, Marcello. *Apologia del metodo*. Roma/Bari: Laterza, 1996.

POPPER, Karl R. *Logica della scoperta scientifica*. Torino: Einaudi, 1970.

———. *Congetture e confutazioni. Lo sviluppo della conoscenza scintifica*. Bologna: Il Mulino, 1972.

———. La scienza normale e i suoi pericoli. In: LAKATOS, Imre; MUSGRAVE, Alan (org.). *Critica e crescita della conoscenza*. Milano: Feltrinelli, 1976, 121-128.

———. *I due problemi fondamentali della teoria della conoscenza*. Milano: Il Saggiatore, 1987.

——. *La ricerca non ha fine. Autobiografia intellettuale*. Roma: Armando, 1998.

——. Frühe Schriften. In: HANSEN, Troels Eggers (ed.). *Gesammelte Werke* 1. Tübingen: Mohr Siebeck, 2006.

SANSONETTI, Giuliano. *Il pensiero di Gadamer*. Brescia: Morcelliana, 1988.

TODISCO, Orlando. Orizzonte ermeneutico e razionalismo critico. *Miscellanea Francescana*, 74, 1 (1974) 3-36.

——. Orizzonte ermeneutico. *Sapienza*, 30, 2 (1977a) 257-299.

——. *Ermeneutica storiografica*. Roma: Paoline, 1977b.

TUOZZOLO, C. H.-G. *Gadamer e l'interpretazione come accadere dell'essere*. Milano: Franco Angeli, 1996.

VATTIMO, Gianni. *Le avventure della differenza. Che cosa significa pensare dopo Nitzsche e Heidegger*. Milano: Garzanti, 1980.

——. Postilla, 1983. In: GADAMER, Hans-Georg. *Verità e metodo*. Milano: Bompiani, 2000, LV-LXII.

——. La verità dell'ermeneutica. In: VATTIMO, Gianni (org.). *Filosofia '88*. Roma/Bari: Laterza, 1989a, 227-249.

——. *Etica dell'intepretazione*. Torino: Rosenberg&Sellier, 1989b.

——. Introduzione a G. Vattimo (org.). *Filosofia '88*. Roma/Bari: Laterza, 1989c, V-XI.

——. Discussione. D. Antiseri, Le ragioni del pensiero debole. *La Stampa* (06 ago. 1993) 14.

——. *Oltre l'interpretazione*. Roma/Bari: Laterza, 1994.

——. Perché è attuale. Più che il filosofo, vive il politico. *La Stampa* (09 jan. 1997) 19.

——. *Vocazione e responsabilità del filosofo*. Genova: Il Melangolo, 2000.

VELASCO GÓMEZ, Ambrosio. *Tradiciones naturalistas y hermenéuticas en la filosofía de las ciencias sociales*. Acatlán: Neucalpan de Juarez/Unam, 1998.

——. Tradiciones Hermenéuticas. Revista eletrônica *Theorethikos*, III, 3 (2000a). Disponível em: http://www.ufg.edu.sv/ufg/theorethikos/julio20/cientifico.html. Acesso em: jul. 2023.

——. Heurística y progreso de las tradiciones. In: ——. (org.). *El concepto de heurística en las ciencias y las humanidades*. México: Siglo XXI Editores, 2000b, 222-238.

—— (org.). *El concepto de heurística en las ciencias y las humanidades*. México, Siglo XXI Editores, 2000c.

——. Hermenéutica y progreso científico. In: BEUCHOT, M.; VELASCO GÓMEZ, Ambrosio (org.). *Interpretación, diálogo y creatividad. Quintas jornadas de hermenéutica*. México: Unam, 2003, 11-20.

——. Hacia una filosofía de la ciencia en Karl R. Popper. *Signos Filosóficos* (Suplemento n. 11), 4 (2004), 71-84.

VOZZA, Marco. Rilevanze. *Epistemologia ed ermeneutica*. Roma/Bari: Laterza, 1990.

——. *Existenza e interpretazione. Nietzsche oltre Heidegger*. Roma: Donzelli, 2001.

WIELAND, Wofgang. Möglichkeit der Wissenschaftstheorie. In: BUBNER, Rüdiger; CRAMER, Konrad; WIEHL, Reiner (org.). *Hemeneutik und Dialektik*. Tübingen: J. C. Mohr (Paul Siebeck), 1970, v. 1. Methode und Wissenschaft, 31-56.

ÍNDICE ONOMÁSTICO

A

AGASSI, Joseph 20, 86, 112-114, 124
AGAZZI, Evandro 86
AGOSTI, Giorgio 55
AGOSTINIS, Sergio 73, 125
ALBERT, Hans 20, 41, 67-69, 71-73, 82-84, 87-89, 97-107, 114, 120, 123, 125-127
ANTISERI, Dario 67, 69-73, 75, 86, 89-91, 94, 95, 98-100, 107, 108, 114, 120-122, 124-127, 129, 130
APEL, Karl-Otto 107
ARNSWALD, Ulrich 125
AUSTONI, Mario 19, 39

B

BALDINI, Massimo 19, 39, 73, 126
BARTLEY, William Warren 20, 72
BAUDELAIRE, Charles 50
BAUM, Wilhelm 127
BELLINO, Francesco 73, 126

BERLIN, Isaiah 12
BERNARD, Claude 29, 32, 39, 61
BERTI, Enrico 77, 126
BETTI, Emilio 82, 117, 119
BEUCHOT, Maurice 79, 131
BLOCH, Marc 14, 52, 59, 61-64
BÖHM-BAWERK, Eugen von 12
BORKOWSKY, Ludwig 56
BRAUDEL, Fernand 14
BUBNER, Rüdiger 74-77, 89, 126, 128, 131
BUFALINI, Maurizio 39, 40
BUNGE, Mario 28

C

CARNAP, Rudolf 74
CARR, Eduard 53, 61
CHABOD, Federico 64
CLAPARÈDE, Édouard 29
COHEN, Morris 61
COLLINGWOOD, R. Georg 12
COLLINI, Stefan 126

COLOZZA, G. Antonio 33
COPÉRNICO, Nicolau 56
CRAMER, Konrad 74, 75, 126, 128, 131
CREMASCHI, Sergio 28
CROCE, Benedetto 12, 39

D

DARWIN, Charles 33, 37, 56
DARWIN, Francis 37
DESCARTES, René 64
DICKENS, Charles 27
DILTHEY, Wilhelm 12, 32
DUCLAUX, Émile 56
DUHEM, Pierre 29

E

ECCLES, John 37
ECO, Umberto 107-112, 126
EINSTEIN, Albert 34, 36, 51
EMPÉDOCLES 51
ENRIQUES, Federigo 29

F

FARR, James 78, 126
FAWCETT, Harvey 37
FEBVRE, Lucien 14, 54, 59-61, 63, 64
FEDERSPIL, Giovanni 19, 39
FERRARIS, Maurizio 67, 127
FEYERABEND, Paul 77, 81, 86, 88, 99, 127
FOSSATI, Lorenzo 72, 127
FRANCO, Giuseppe 14, 20, 65, 68, 69, 71, 72, 75, 86, 95, 98, 113, 120, 123, 127-129
FRÄNKEL, Hermann 14, 45, 107, 128

FULDA, Hans Friedrich 74-76, 128

G

GADAMER, Hans-Georg 12, 14-18, 20, 25, 31, 41, 42, 44, 48, 49, 65, 67-77, 79, 82-87, 89-91, 95-109, 111-117, 119-124, 128, 130
GALANTE GARRONE, Alessandro 55
GALILEI, Galileu 35, 64
GARDINER, Patrick 12
GEORGE, Stefan 50
GIORGIO, Giovanni 95, 128
GIUNCHI, Giuseppe 39
GNUDI, Antonio 40
GRONDIN, Jean 82-88, 98, 128
GROSSNER, Claus 17

H

HABERMAS, Jürgen 91
HANSEN, Troels Eggers 81, 130
HARTSHORNE, Charles 28
HAYEK, Friedrich August von 12, 27
HEGEL, Georg Wilhelm Friedrich 69
HEIDEGGER, Martin 15, 43, 83, 84, 90, 95, 97, 100, 101
HELMHOLTZ, Hermann von 83
HEMPEL, Carl Gustav 12, 14
HERTZ, Heinrich Rudolf 29
HIRSCH, Ernst 82
HUSSERL, Edmund 96

I

INFELD, Leopold 34

J

JEVONS, William Stanley 32

K

KANITSCHEIDER, Bernulf 125, 128
KANT, Immanuel 69
KERTSCHER, Jens 125
KRAFT, Victor 29
KREBS, Hans 37
KRÜGER, Lorenz 74, 75, 128
KUHN, Thomas 77, 78, 80, 81, 86, 88, 92, 93, 129

L

LAKATOS, Imre 78, 81, 88, 129
LAUDAN, Larry 78
LEWIS, Clarence Irvine 28, 29
LIEBIG, Justus von 32
LUCRÉCIO 51
LUKASIEWICZ, Jan 56

M

MAAS, Paul 14, 45, 107, 129
MABILLON, Giovanni 64
MACH, Ernst 29
MALINOWSKI, Bronislaw K. 12
MALPAS, Jeff 125
MARROU, Henri-Irénée 53, 59
MEDAWAR, Peter Brian 37
MENGER, Carl 12
MILL, Jonh Stuart 52
MISES, Ludwig von 12, 29
MONOD, Jacques 37
MOUNIN, Georges 48
MURA, Gaspare 95, 117-122, 129
MURATORI, Antonio 64

MURRI, Augusto 33, 37-40
MUSGRAVE, Alan 81, 129

N

NAGEL, Ernest 12, 14, 61
NAVILLE, Ernest 29, 33
NEURATH, Otto 79
NEWTON, Isaac 36, 51, 64
NUSSBAUM, Martha 20, 21

P

PARMÊNIDES 50, 51
PARRINI, Paolo 114, 115, 129
PASQUALI, Giorgio 14, 45, 107, 129
PASTEUR, Louis 56
PEIRCE, Charles Sanders 28, 29
PERA, Marcello 72, 129
PLATÃO 69, 113
POINCARÉ, Henri 29, 61
POPPER, Karl 9-12, 14, 17, 18, 20, 25, 27-32, 37, 42, 49-51, 65, 67-74, 76-93, 96-100, 102, 104, 107-109, 112-116, 120-124, 129

R

RAINERI, Paolo 39
REALE, Giovanni 128
RICKERT, Heinrich 12
RICOEUR, Paul 12, 117, 119
RORTY, Richard 93

S

SALVEMINI, Gaetano 12, 14, 54-57, 61
SANSONETTI, Giuliano 73, 74, 130

SCANDELLARI, Cesare 19, 39
SCHLICK, Moritz 18
SCHMOLLER, Gustav von 12
SIMMEL, Georg 12
SÓCRATES 85
STRUMIA, Alberto 129

T

TANZELLA-NITTI, Giuseppe 129
TIMIO, Mario 39
TODISCO, Orlando 115-117, 130
TOULMIN, Stephen 77
TUOZZOLO, Claudio 75, 130
TYNDALL, John 29

V

VAILATI, Giovanni 29
VATTIMO, Gianni 15, 42, 71, 89-95, 120-122, 130
VEDRANI, Alberto 40

VELASCO GÓMEZ, Ambrosio 77-81, 130, 131
VERRA, Valerio 72
VILLARI, Pasquale 62
VOGLER, Paul 103
VOZZA, Marco 95-97, 131

W

WEBER, Max 12, 96, 100
WEISS, Paul 28
WETZ, Franz Josef 125, 128
WHEWELL, William 29, 32
WHORF, Benjamin Lee 51
WIEHL, Reiner 74, 75, 126, 128, 131
WIELAND, Wolfgang 76, 131
WINDELBRAND, Wilhelm 12
WITTGENSTEIN, Ludwig 104

X

XENÓFANES 51

Edições Loyola

editoração impressão acabamento

Rua 1822 nº 341 – Ipiranga
04216-000 São Paulo, SP
T 55 11 3385 8500/8501, 2063 4275
www.loyola.com.br